豚かたまり肉を買ってみました

COCOCORO
大西哲也

はじめに

料理好き男子になってから30年が経とうとしています。この本を手に取ったあなたもきっと私と同じ『こじらせ料理好き男子』なのではないでしょうか。

多くの料理好き男子の心理が、私は手にとるようにわかります。もはや、こじらせ料理好き男子の日本代表であると自信と誇りを持ってすらいます。あなたの料理遍歴を当ててみせましょう。スパゲティペペロンチーノかチャーハンが半数、カレー、カップラーメンアレンジから始まる人も多いですね。私はカレーです。

これらは、最初はあまり上手にできなくても「理論」がわかって数回練習すれば、素人でも家庭料理を超える味を作ることができるようになります。『ペペロンチーノはニンニク、オイル、唐辛子だけで作るものだけが本物』と、イタリアで食べたこともないのに言い出します。

　このあたりで成功体験を積み、

次に挑戦したくなるものこそが、肉料理です。

　具体的に言えば、チャーシュー、角煮、ローストビーフです。その時に必要になるのがブロック肉（かたまり肉）です。

　このあたりが作れるようになると、自分でおいしい料理を安く食べられるという満足だけではなく、人に振る舞いたくなります。宅飲み、ホームパーティーを開催したり、職場に持っていったり。これは多くの場合喜ばれ、仲間内でも一目置かれるようになります。そこから〝料理が人生に役立つ〟という成功体験を得て、更に料理が好きになっていくのです。

　初めてかたまり肉を手に取った時は嬉しかったですね。一般家庭ではなかなか出てきませんから。かたまり肉を使って料理をするだけで相当料理上手だと思われるに違いない。

「俺は新たなステージに立ったんだ！」と、

スーパーで静かにガッツポーズを決めました。

実際、ブロック肉にはスライス肉にはないよさがたくさんあります。肉は表面が空気に触れれば触れるほど酸化と劣化が進み、味も風味も落ち、腐敗も早くなります。今までスライス肉を使っていた料理もブロック肉を切って使うだけでもおいしさが違います。

ただし、調理の難易度は高くなってきます。「生焼け」だったり「火の入れすぎで硬くなってしまった」という失敗は誰もが必ず通る道です。ある程度値段も高い肉を買って、多くの時間をかけた上での失敗は非常にききますよね。成長の糧でもあるのですが。

本書は、これからそのステージに進む方、つまずいてしまっている方、なんとなくうまくできてはいるけれど正解がわからないと迷っている方のために作りました。

第一歩ですので、まずは豚肉について丁寧に解説します。読者の眼の前にも巨大な豚かたまり肉があることをイメージしながら、私はこの本のために40kgほどの豚かたまり肉と対峙しました。

かたまり肉料理のロマンの海へ漕ぎ出してください。

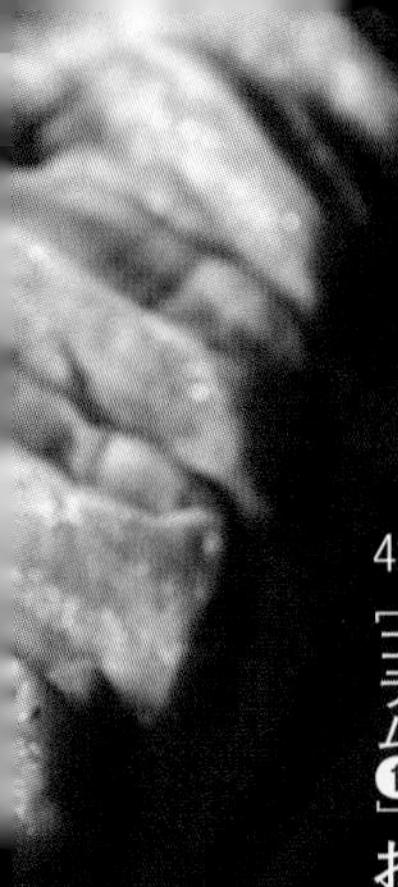

contents

2 はじめに

8 何よりも大事な、温度の話

9 本書のレシピの注意点

10 塩砂糖豚

20 ハンバーグ

32 しょうが焼き

42 [コラム①] お店の味とは何か

44 角煮

56 トンテキ

64 チャーシュー

74 [コラム②] 保存のススメ

76 豚丼

84 トンカツ

94 [コラム③] 余ったゆで汁はどうするか

96 家二郎

108 プルドポーク

118 [コラム④] 他のかたまり肉も買ってみよう

120 ベーコン

130
豚かたまり肉活用レシピ

132 雲白肉
134 回鍋肉
136 青椒肉絲
138 豚肉シチュー
140 豚汁
142 ポークビンダルー
144 ポークチョップ
146 豚肉じゃが
148 魯肉飯
150 ローストポーク
152 ポークチャップ
154 酢豚
156 おわりに

何よりも大事な、温度の話

豚肉は主にアクチンとミオシンというタンパク質から構成されています。アクチンは水分を多く含んでいて、66℃以上で変性して硬くなります。その一方で、ミオシンは50℃以上でグニグニからプリプリの食感にかわります。50℃～66℃を意識すると、上手に調理することができます。

ただ、厚生労働省の食肉安全調理のガイドラインでは、鶏肉豚肉は中心温度63℃30分、75℃1分と同等の殺菌ができる加熱が必要とされていますから、63℃～66℃に収める必要があります。上手に仕上げるためには温度計の使用が欠かせませんし、不安な人はしっかり加熱してください。

香ばしい風味と褐色の焼き色が特徴のメイラード反応も温度が大事です。ステーキやごはんのおこげがおいしいのも、茶色の衣のトンカツがおいしいのも、すべてはこの化学的結果によるもので、食材の中に含まれるアミノ酸と糖が加熱によって結びつき起こる現象です。

メイラード反応は大体１５６℃以上で発生します。肉を焼く場合は、片側にしっかりと焼き色をつけてメイラード反応を起こして、ひっくり返したら裏は簡単に焼くと、肉の内部はちょうど前述の温度になり、ジューシーさと香ばしさを兼ね備えたごちそうへと変身するのです。

温度、大事。

本書のレシピの注意点

◎材料は作りやすい分量で制作しています。
◎野菜類は特に表記のない場合は皮をむく、洗うなどの作業をすませてからの手順を説明しています。
◎特に指示がない場合、火勢は中火です。
◎冷蔵庫に入っていた肉は、しばらく常温においてから使ってください。
◎揚げ油はサラダ油などを使用してください。
◎レシピには目安となる分量や調理時間を表記していますが、食材や食材のサイズ、調理器具などによって個体差がありますので、様子を見ながら加減してください。
◎レンジやオーブンなどの調理器具をご使用の際は、お使いの機種の取扱説明書にしたがって使用してください。 加熱時間の目安、ラップの使用方法などに関しては、取扱説明書にある使い方を優先させてください。

塩砂糖豚

焼いた肉を口に入れた時にやってくるのは、
砂糖の甘さと豚肉の甘さ。
しっかりと味がついているので、
一つの料理として成立しています。

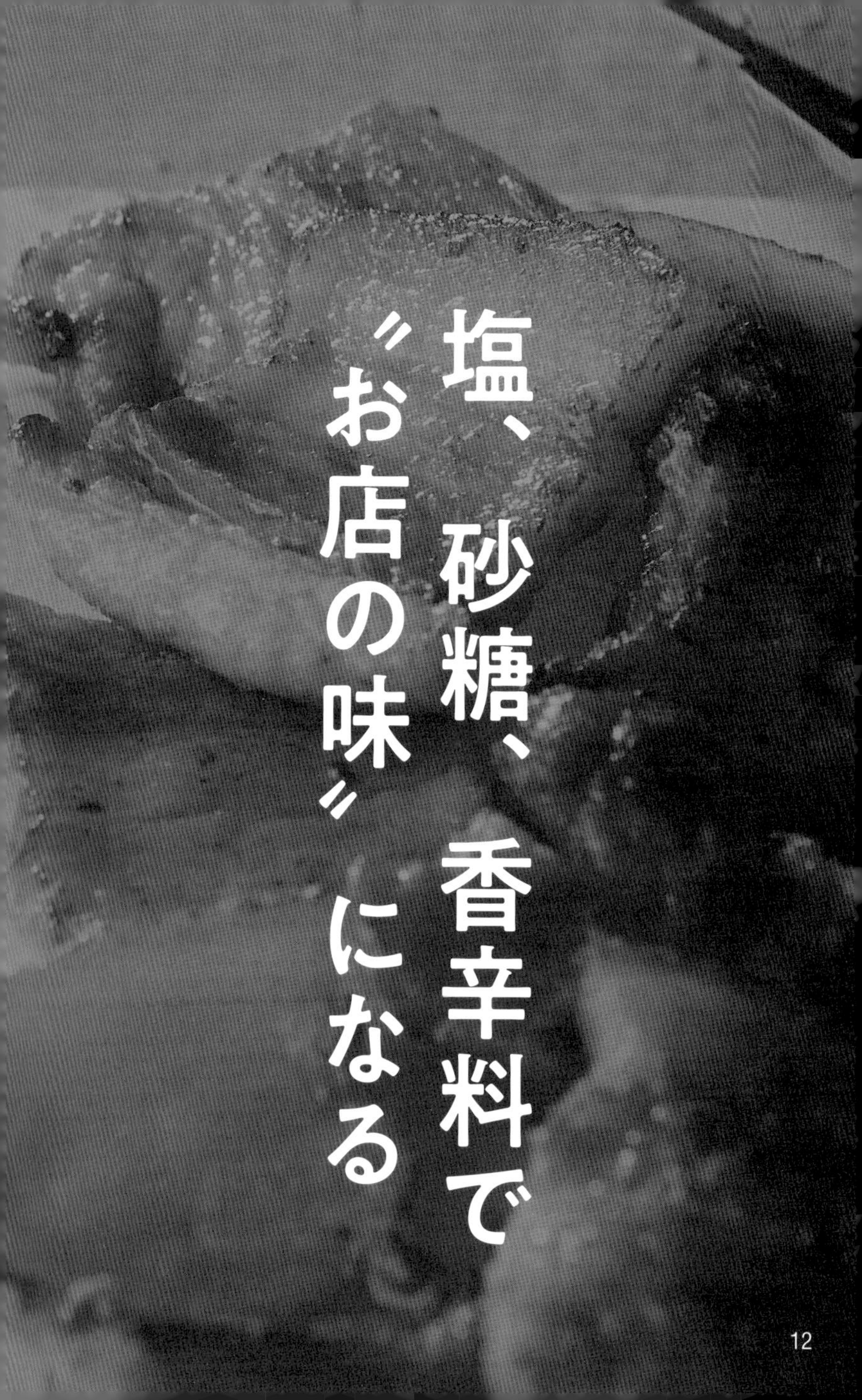

塩、砂糖、香辛料で〝お店の味〟になる

塩砂糖豚

塩はもっとも古くから親しまれてきた調味料です。簡単に手に入りますし、なにより、味わいを追加して、さらに食材からうまさを引き出すこともできます。

昔は塩は貴重品でしたが今では簡単に手に入ります。でも、せっかくだったらいい塩を買うのもいいですね。がんばって1000円くらい払えば、世界最高クラスのシェフが使う塩を手に入れることができる。料理をコスパで語るのは無粋ですが、塩はとってもお得な投資ともいえます。塩漬け肉の塩は肉の重量の2%が適量。1000gの豚バラブロックを購入したとしたら、20gの塩を使うことになります。よく小さじ大さじという言葉を目にしますが、mlで計量するために使います。小さじ1が5ml、大さじ1が15ml。これは覚えておいた方がのちのち便利かなと思います。

ここで一つ問題があって、mlとgは違うんです。水は小さじ1（5ml）＝5gですが、油は5ml＝4g、乾燥パン粉は5ml＝1gとされています。となると「塩は……？」と不安に思われる方もいると思いますが、小さじ1＝だいたい6gで計算できるので安心です。もちろん個体差があるので一概には言えないのですが。

でも、少し計量が狂ったからといって、塩漬けという調理法において大きな問題ではありませんので気軽にいきましょう。計量スケールをお持ちの方は、そちらで20gを計量してもいいですね。繰り返しますが、これはあくまで1000gの肉を塩漬けする場合の話。肉の重さの2%をしっかりと計算してください。

最初からいちばんおいしい塩分濃度で作る

塩を手にしたら、肉にすり込みましょう。この際、手袋をした方が衛生的ですが、もっと楽をしたい場合は、ビニールに入れて塩をまんべんなくふりかけて、袋の上から揉み込むという方法もあります。肉にむらなく塩をまぶすことがポイントです。

冷蔵庫で最低2時間、できれば1～3日寝かせます。熟成させる狙いもありますが、大きな目的は味をつけることです。肉の筋繊維をやわらかくする効果もあります。しばらくしてドリップと呼ばれる赤い汁が出てきたら、ひっくり返して、味を均一にします。

「塩抜き」はしなくていいの？　と思ったあなたは、きっとお料理が大好きなんでしょう。保存を目的とした塩漬け肉は5%以上の塩で漬けるので、塩抜きしないとしょっぱくて食べられないのですが、今回は最初から適度においしく感じる塩分濃度で漬けているので大丈夫です。ただ、そのままだと表面の塩味が強いので塩を軽く洗い流して、キッチン

塩砂糖豚

ペーパーで水気をしっかりと拭き取ります。これで十分です。

よく研いだ包丁を手にしたら、塩漬け肉をカットしましょう。自分の好みの厚さにカットできる、それだけで大きな肉のかたまりを料理する意味があると思います。肉をカットする時は、目的意識を持ちましょう。ステーキのような厚さにしたら食べごたえがありますから、豚肉のうまさをシンプルに味わいたい時にどうぞ。野菜など他の食材と一緒に調理する場合は薄く切った方がいいでしょう。

ある程度厚くカットするメリットは縮むのを防げることです。そして、ある程度大きくカットしないと、すぐに火が入って硬くなってしまいます。少し厚めにカットする目的は、調理の科学を使うためでもあります。料理好きの間ではお馴染みのメイラード反応を起こしながらも中心部には火を入れすぎたくないからです。

メイラード反応とは魚や肉、パンなど食材の中に含まれるアミノ酸と糖が加熱によって結びつき、起こる反応で、香ばしい風味と褐色の焼き色が出ること。ステーキ、ごはんのおこげ、トンカツがおいしい理由の一つはこのメイラード反応。科学的に説明できます。

油をひいたフライパンを中火にかけて2分ほど待ちます。用意するのはカットした肉1枚。5㎜厚さの肉をフライパンにそっと置いたら、まもなく香ばしい香りがしてきます。

少し裏返して確認し茶色になっていればメイラード反応の完成。片側に焼き色をつけたらすぐに裏返して、さっと焼いたらお皿に取ります。

なぜ片側のみに焼き色をつけるのか。その理由はうまさと食感のいいとこ取りをするためです。両方を焼きつけると肉が硬くなってしまいますから、片側にしっかり焼き色をつけて、裏はさっと焼くと、肉の内部はちょうど食べごろの温度になり、ジューシーさと香ばしさを兼ね備えたごちそうへと変身するのです。

大事なのは口に入れた瞬間のしっとり感

最初の塩漬け肉を食べきったら、次は砂糖を入れた塩豚を作ってみましょう。今度は塩分濃度を3％に設定します。先ほどよりも濃いめの味付けで心配になるかもしれませんが、同時に投入する1・5％の砂糖が大きな働きをします。

肉1000gに対して、塩は30g、砂糖は15g。きっちりと計量したら肉にしっかりとすり込みます。半日ほど漬けたら食べられますが、先ほどの塩豚との味の違いを楽しむのなら2日ほど寝かせてから食べるといいでしょう。

塩砂糖豚

2日後。塩豚のように軽く塩と砂糖を洗い流してからキッチンペーパーでしっかりと拭き、5㎜程度にカットしてフライパンで焼きます。一口食べた瞬間、予想とは違う味わいにびっくりするはずです。前のものより、塩分は濃いはずなのにやさしい味わいで、はっきりと言えば、塩豚よりもおいしいと感じる方が多いようです。私も普通の塩豚よりはこちらの方がおいしいと感じます。

なぜ先ほどよりもしょっぱく感じないかといえば、甘さには相関性があるからです。甘味と塩味は混在すると、お互いを感じづらくなります。たとえば、しょうゆだけ入れたお湯は飲めたものではありませんが、しょうゆと一緒に砂糖を入れるとおいしい煮物になることはみなさんご存じでしょう。砂糖（甘み）と塩（塩み）、そして油。料理のほとんどはこの組み合わせでできています。つまり人間がおいしいと感じる組み合わせですね。ちなみに、塩と同量の砂糖を入れると人間は「甘い」と感じます。

さて、豚肉に話を戻しましょう。焼いた肉を口に入れた時にやってくるのは、砂糖の甘さと豚肉の甘さ。しっかりと味がついているので、一つの料理として成立しています。何よりこの豚肉をワンランク上の味に引き上げているのが、口に入れた瞬間のしっとり感です。砂糖の保水力が、肉にうるおいとしっとり感を与え、うま味を凝縮させながら同時にしっとりと仕上げます。砂糖と塩のおかげでお店のような味になったのです。

さて、豚肉の塩漬けに慣れてきたら、香辛料を追加してみましょう。昔は香辛料は保存する食料の臭みを消す目的で使用されましたが、それ以上に、その刺激と香ばしさで人々を魅了しました。ひと言でいえば、香辛料を使った料理はおいしかった。

人間の味覚において、香りはとても重要な役割を果たしています。人間が、味だと思っているものの9割が実は香りだという説もあります。目をつぶって鼻をつまんで料理を食べると、何を食べているのかわかりません。目と鼻から入ってくる情報に私たちの味覚は左右されています。

塩漬けにした肉を焼く時に、ホワイトペッパーとブラックペッパーをかけてみましょう。お店の味とはつまり、味の立体感（あるいは素材のよさ）にあると思います。調味料をいくつも使って立体感を演出するのは、それこそ経験が必要ですが、香辛料を2つ重ねるだけでも味わいに変化をつけることができます。塩漬けする際にローズマリーを入れると、一気に欧風料理の味わいになります。そうなると、ごはんよりパン、ビールよりワインがいいですね。

たった一つの調味料、香辛料で料理の幅は広がるのです。

RECIPE

塩砂糖豚

シンプルだけどしみじみとうまい

おすすめのかたまり　バラ／ロース／肩

材料（作りやすい分量）

豚肉――500g
塩――15g（肉の重量の3%）
砂糖――7.5g（肉の重量の1.5%）

作り方

1 塩と砂糖をあらかじめ混ぜてから、豚肉にまんべんなく手でずり込む。

2 ポリ袋に入れて空気を抜き、冷蔵庫で2時間以上おく。

3 表面の塩・砂糖を水で軽く洗い流し、キッチンペーパーなどで水分をしっかりと拭きとって完成。焼いてもゆでても。お好みでどうぞ。

ハンバーグ

やわらかい肉、
いい部位を使う必要はないんです。
硬い肉をひたすら叩く行為こそ
ハンバーグの真髄かもしれません。

適度に叩いて
適度にこねよう

ハンバーグ

デンマークにフリカデラという料理があります。豚のひき肉をこねて焼いたもの、つまりハンバーグのようなもので、どこの家庭の食卓でも必ず出てくるという国民的メニューです。

ハンバーグといえば合いびき肉が一般的ですが、こちらは豚のひき肉のみで作ります。西欧の料理というとフレンチに代表される豪華絢爛なものが頭に浮かびます。味や素材をどんどん足し算していくイメージでしょうか。最近ではそれをベースにして、食材本来の味を活かす、イノベーティブな料理も人気のようです。

フリカデラは北欧の家庭料理らしく、ブルーベリーソースをかけたりと、味付けのバリエーションが豊富で、各家庭の味があるようですが、豚肉本来の味わいを楽しめる料理といえるでしょう。

日本人にとってハンバーグほどおなじみで一般的な料理はありません。日本中どこでも食べられる料理ゆえ、それぞれが持つ理想型があるようです。ふわふわが好きな人、ジュワーと肉汁があふれるタイプが好きな人。

正解はないということを前提にした上で、料理として魅力的だと思うのは、しっとりやわらかタイプより、しっかりと肉のうま味を堪能できるハンバーグだと思います。さらに、イメージとしては小さく刻んだステーキの集合体。肉のうまさとジューシーさを堪能できるハンバーグ、それは一つのごちそうの完成形といえます。

　使用するひき肉の部位を考えることも、とても大事です。こちらがハンバーグのおいしさの根幹になるからです。

　肉肉しさを出すためには、すね肉をつかうといいでしょう。私が主に使う肉は3種類。すね・バラ・ロース（もも）。すね肉は比較的食べごたえを感じられる部位で、さらにバラと赤身をブレンドすることで、食感と味の奥行きを出します。スーパーで買うと脂身が多いのですが、精肉店で購入すると、赤身の多い部分を選んでくれることも。赤身の多い3種類の肉をバランスよく混ぜましょう。

　お好みで豚トロのような脂の多い部分を入れると、若い人に満足していただけるかもしれませんね。脂身の部分はうま味になりますが、入れすぎないようにしてください。赤身のしっかりとした肉のうま味を堪能することを忘れないように。

　かたまり肉を使うと、どこの部位をどのバランスで使おうかコントロールできるのがいいですね。余ったお肉は、他の料理に活用してください。最初にかたまり肉を薄くスライスして、そのあとは細切りにして、包丁でひたすら叩きます。

出刃などの厚みのある包丁を使うとやりやすいかもしれません。そもそも、硬い肉をやわらかく食べるために作られた料理ですから、いい部位を使う必要はないんです。硬い肉をひたすら叩く行為こそ、ハンバーグの真髄かもしれません。

しばらくするとだんだん小さくなってきますので、さらにたたき続けると数ミリ程度の大きさになります。

シンプルだけど大事な作業

叩いた肉をボウルに移したら、塩を入れてこねます。力を入れてしっかりとこねる理由は、肉の結着力をうみ出すためです。

肉は「アクチン」と「ミオシン」という2種類のタンパク質が集まって束になり筋肉の繊維を作り上げています。この2種類のタンパク質は食塩水に溶けやすいので、ひき肉に含まれている水分に塩が溶けて食塩水になり、溶け出したアクチンとミオシンが絡み合います。「粘りが出る」という状態です。

肉同士がしっかり結びつかないと、焼いている途中でボロボロ崩れてしまいます。粗びきの肉を塩だけでつなぐという工程はとてもシンプルですが、とても大事な作業だということがわかりますよね。もちろん下味をつけるという目的もあります。

ひき肉を塩で練る工程はハンバーグ作りにおいて欠かせないのですが、一つ問題があります。手でこねると肉の脂が溶けて、結着力が弱くなるんです。だから、手を冷やしておいて急いでこねるか、ヘラを使うといいでしょう。

ハンバーグにはつなぎを入れます。「つなぎ」という素敵な名前を与えられるだけあって、肉をまとめる働きを求められているのですが、それ以外に肉汁を吸う役割もあります。

二つにカットしたときに肉汁があふれる、ジューシーなハンバーグは、インスタ映えをよしとする風潮の負の側面な気がします。

肉汁が出るというのは、つまりうま味があふれ（逃げ）出すこと。肉汁を出さず、うま味を閉じ込めるのが最適解だと思います。そのために必要なのが吸水性の高い食材。私はお麩を使用します。フードプロセッサーで細かくしたお麩をタネに入れると、つなぎの麩がうま味を含んだ肉汁を吸って、食べた時に「肉汁じゅわっ」の食感になります。

ちなみに、パン粉を入れるのが一般的ですが、個人的な意見として、パンというのは本来うま味が強いものなのでハンバーグになった時に邪魔になると考えています。ハンバーグとしての価値を高めないと言ってもいいでしょう。おいしいものでも、たくさん入れたら喧嘩してしまい、食材本来の味が分かりにくくなります。

このレシピは豚肉をおいしく食べるためにあります。うま味を追加しすぎるのは、「調理」ではなく、「調味」になってしまうのではないでしょうか。生パン粉を入れるレシピもありますが、それでしたらパン粉の方がいいでしょうし、高野豆腐でもいいでしょう。ちなみに、パルミジャーノレッジャーノなどの粉チーズを入れると深いうま味が追加されるのは間違いありませんが、今回は肉本来の味わいを邪魔しないシンプルなレシピをお勧めします。

肉を味わうことを最優先に

ハンバーグのタネには玉ねぎも欠かせません。こちらは甘味とうま味、さらにホロホロとした食感を追加します。入れる前になぜ茶色にするのか。それは、甘味と、うま味、そしてちょっとの苦味が味の深さになるからです。

玉ねぎのツンとした刺激は硫化アリルという成分によるものですが、熱を入れることで、玉ねぎが本来持つうま味が凝縮されます。エシャレットやリーキと呼ばれる野菜で作るレシピもありますが、やはり火を通した玉ねぎのやわらかい食感は、ともすれば硬くなってしまうハンバーグに欠かせません。

ハンバーグといえばおなじみのナツメグは肉の臭みを消して、玉ねぎの甘味を引き出してくれますが、手元になければ入れなくてもいいでしょう。肉の持つ多少の風味は肉の個性だと思えばいいんです。

しばらくこねていると粘りが出てきます。次第にこねる手（あるいはヘラ）が重くなり抵抗感が生まれてきたら粘りが出たサイン。そこから先はあまりやりすぎないでください。というのも肉の組織が傷み、焼いている時に縮みやすくなります。粘りが出てきたなと思ったあたりで、やめた方がいいですね。

ちなみに、料理で混ぜるときは、右回り、時計回りでやるといいという迷信があるのですがご存じでしょうか。地球の自転と同じ方向で、コリオリの力というモーメントがかかっているからだと私は思っています。まあ都市伝説かもしれませんが、おいしくなるためだったらどんな努力もいとわないので。ちなみにお掃除は左回りにやると、汚れがよく落ちるとか。

理想は球のような形のハンバーグ

さて、粘りが出たらタネを成形します。みなさんおなじみ、両手でキャッチボールをするのは、中の空気を抜くために欠かせない作業です。焼いた時のヒビ割れを防ぐ効果があります。

大きさは150〜200g。テニスボール大にすると、火が入りやすくなります。ハンバーグは俵形、小判形にするのが一般的ですが、私の理想は球状です。薄く成形するのは、素早く火を入れるためですが、球体の方が中までじっくり均等に火が入ります。

それでも、焼くのは難しいです。まずは外側をフライパンで焼き固めてじっくり火を入れるといいでしょう。外を焼き固めると肉汁が出ない、という説がありますが、それは実は眉唾だとか。しかし、外を焼き固めることで、型崩れを防ぐことはできます。とにかく外に火を入れて、中はじっくり火を入れるということを忘れないでください。

表面に焼き色をつけたら、あとはオーブンで焼いていきましょう。まずは170℃に予熱したオーブンに入れ15分程度。じっくりと火を入れて、中心温度が75℃〜80℃になるのを目指します。外を焼き固め、中は蒸すようなイメージでしょうか。

しっかりと焼けたのかどうか肉汁の色で中まで火が通っているか確かめるという方法もありますが、60℃くらいから肉汁は透明になるので、それだけでは判断できません。やはりここでも温度計を使うことが大事。

ちなみに、ラップをかけて電子レンジで加熱（600w 5分）してもいいですが、水っぽい仕上がりになりますので、お店のように仕上げたい場合はオーブンをお勧めします。

焼き上がったら中の温度を確認し、足りないようでしたらさらに5分加熱。そのまま食べてもおいしい完璧なハンバーグの完成です。

ソースを作る場合は、玉ねぎを炒めたフライパンでしょうゆとみりんと、赤ワインを煮詰めたあとに、バターを入れるといいでしょう。ワインがない場合は酒でもいいです。わさびじょうゆと合わせてもおいしくいただけます。

作り始めたら完成まで味見ができないハンバーグ。きっと不安でしょうが、そのためにレシピがあるわけで、私の舌を信じて試していただきたいと思います。

RECIPE

ハンバーグ

素朴だけど忘れられなくなる味

おすすめのかたまり　バラ／ロース／肩／すね

材料（2人分）

豚肉——300g
塩（肉の重量の0.8%）——2.4g
玉ねぎ——100g
サラダ油——小さじ1

つなぎ
A
- お麸——30g
- 牛乳——30mℓ
- 卵——1個
- 塩——3g

ブラックペッパー——1.5g
ナツメグ——1.5g

作り方

1 肉を削ぎ切りにしたあとに包丁で叩く。

2 玉ねぎをみじん切りにして、油をひいたフライパンで薄茶色になるまで弱火で炒め粗熱を取る。

3 1と塩をボウルに入れて、粘りが出るまでこねる。

4 麸はフードプロセッサーで細かくして、Aの材料すべてを3に加えて混ぜる。

5 2を加えよく混ぜ合わせたら、冷蔵庫に入れて30分ほど寝かせる。

6 両手にサラダ油（分量外）をつけてテニスボール大の生地を取り、両手でキャッチボールのようにして中の空気を抜く。表面がひび割れないようなめらかに成形する。

7 よく熱した鉄のフライパンに油をひき、6を入れ、全体的に焼き目をつける。

8 予熱した170℃のオーブンで中心が75℃以上になるまで（約15分）焼く。

POINT

◉表面はメイラード反応を発生させるだけ。内部はオーブンでゆっくり火を入れる。

◉パン粉ではなく麸で保水力UP

しょうが焼き

しょうが焼きの目的はごはんを、
食べ進めることにあるわけですから、
もはやしょうが焼きにおける肉は、
タレをごはんにまとわせる刷毛のようなものです。

しょうが焼きには真っ白なごはんがよく似合う

しょうが焼き

今からしょうが焼きをほめたいと思います。

あなたはなぜそんなにおいしいのか。あなたのせいで、ごはんが止まらない。いつも普通の顔をしてどこにでもいるのが、また憎らしい。

しょうが焼きの原型をたどると、獣の臭いを消したり、防腐や薬用の効果を期待して、豚肉としょうがという組み合わせが生まれたといわれているようです。ということはこの組み合わせは昔から一般的だったと考えられます。

それが日本的な甘辛い味付けと出会ったことで、最高にうまい料理へと昇華しました。日本ではしょうが焼きを嫌いな人を探す方が難しいほど、人気かつ定番の豚肉料理ですが、味付けもお店や家庭によって異なりますし、使っている肉も意外とバリエーションが豊富です。

今回はせっかくかたまり肉から作るんですから、自分がいつも食べているしょうが焼きより厚めにカットすることから始めましょう。

まずは肩ロースかロースのかたまり肉から、肉を切り出します。スーパーで売っている豚バラや小間切れなどの薄い肉で作ることが多かったと思いますが、せっかくなので5〜10㎜くらいの厚さでカットします。これは一歩間違えればトンテキクラスの厚みですが、それくらいの厚みと食べごたえがほしいですね。これくらいの厚さだと、噛んだ時の満足感もたっぷりあります。

しょうが焼きがしょうが焼きたる理由は「タレ」にあります。しょうがをたくさん使った甘辛いタレは、日本を代表する調味料といえるでしょう。使う材料は本当に少ないけれど、それゆえシンプルな力強さがありますよね。しょうがの刺激が火を通すことで丸くなって、なんともいえないうま味を醸し出します。

しょうが焼きが頭に浮かんだら、まずタレの香りが脳天を直撃します。すると、ごはんを食べたくなります。

豚肉の持つうま味に、しょうゆの香ばしさが混じり、さらにしょうがの清涼感のおかげで、最後まで油っぽさを感じることなくいただけます。私はしょうが焼きを食べていて途中で飽きたことは一度もありません。

しょうが焼きとは「タレを食べる料理」である

しょうが焼きの魅力はタレです。言い方は乱暴ですが、タレがおいしければ、しょうが

しょうが焼き

焼きはおいしくなります。どんなに安い肉だって、それなりのおいしさになります。タレの実力が、しょうが焼きの評価を決すると言ってもいいでしょう。

なんてことない外観なのに、しょうが焼きがめちゃくちゃおいしい店は、間違いなくタレにこだわっています。それは肉のレベルに拠ることなく、おいしいしょうが焼きができるということです。

これまた乱暴な言い方をしますが、しょうが焼きとは「タレを食べる料理」であると言っていいかもしれません。

しょうが焼きの目的はごはんを食べ進めることにあるわけですから、もはやしょうが焼きにおける肉は、タレをごはんにまとわせる刷毛のようなものです。そうなると、タレは肉にしっかりとからんでいてほしいですね。

ということで、しっかりとタレをからませるしょうが焼きを目指します。

まずは肉に塩胡椒します。厚めにカットした肉は筋切りをした方がいいでしょう。適度な厚みを持った肉は火が入ると反りやすくなり、見た目も悪くなりますし、タレのからみも悪くなります。

肉は火を入れる前に小麦粉をふって衣をつけた方がタレがしっかりからみます。タレをどれだけ肉にまとわせるかに集中しましょう。

小麦粉をふって火を入れることで、「おいしい方程式」ともいえる「メイラード反応」が起きやすくなります。また衣があることで、肉に熱がゆっくり入り、パサパサになりづらくなります。もちろんカロリーは上がってしまいますが、タレがよくからみ、ソースにはとろみがつきます。衣の力はやはり偉大といえるでしょう。

大事なのはしょうゆ、砂糖、豚肉の脂のバランス

タレには砂糖をビビらずに入れることが大事です。少しでも調理をした経験がある人は、レシピを見た瞬間、何かの間違いでは、と思うほどの砂糖が実は入っています。砂糖はうまさのもと。砂糖を入れたぶんだけ、うまくなると思ってください。

しょうが焼きのタレの基本は砂糖ですが、目的は豚肉の持つうま味と甘味に負けないくらいのタレを作ることです。しょうゆの塩分と、砂糖の甘さ、そして豚肉の脂のうまさのバランスがしっかりと取れたとき、最高のしょうが焼きのタレが完成します。

しょうがを入れるタイミングでも仕上がりは変わります。

しょうがが効いているしょうが焼きはおいしいですが、あまりに主張が強すぎると、料理のよさを消しかねません。しょうがは香りとおいしさのもとですが、辛味と苦味があり、その相反する個性が魅力ともいえるのですが、諸刃の剣でもあります。

それにしても、人はしょうがの香りをなぜこうも魅力的に感じるのでしょう。しょうがに含有する薬用成分や殺菌効果を、生きていくために必要な要素として香りから感じているのかもしれません。

しかしそれゆえ、入れすぎると、辛くなってしまう。適量をお伝えしたくても、高知産のしょうがか、外国産かでも全然風味が違いますから一概にはいえません。

となると、タレを合わせた段階で、一度舐めてみることをお勧めします。少し辛いかなと感じるくらいがベストバランス。ごはんがすすむちょうどいい味付けになります。

辛さと甘さは6：4

味見の段階で感じた辛さは、火が入ることで劇的に変化します。もちろん、味見の段階で甘さが勝っていたとしたら、それはそれでおいしいしょうが焼きになるでしょうが、こればかりは個人の好みなので、調理前に味見をして辛さと甘さが6：4などと覚えておくといいでしょう。

そして完成した料理が自分好みになっていれば、そのバランスを覚えておきます。仕上がりが少しもの足りないと感じたら、甘さを足すのか、しょうゆを足すのか、あるいはしょうがを足すのか、後日微調整をします。しょうがの香りが好きな人は、調理が終わる直前に「追いしょうが」をしてもいいでしょう。

タレを合わせて、数時間前から肉を漬け込む、あるいは直前に揉み込むというレシピもありますが、私はやりません。漬け込むと塩分で脱水してしまい、肉が硬くなってしまうからです。タレをさっと合わせるのが一番、肉のやわらかさを堪能できるんですよね。

つけ合わせは、さっぱりとしたキャベツがいいですね。茶色と緑のコントラストを楽しみながら、肉で野菜を巻いてパクリ。

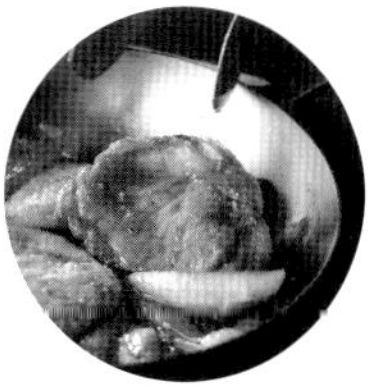

RECIPE

しょうが焼き

しっかりとした甘さがポイント

おすすめのかたまり バラ／ロース／肩

材料 （1人分）

豚ロース肉——120g
玉ねぎ（くし切り）——1/8個
調味料
- 酒——40mℓ
- しょうゆ——20mℓ
- 砂糖——10g（割合で4:2:1）
- しょうが——5g

小麦粉——大さじ1
サラダ油——大さじ1

POINT

◉肉の筋切りは忘れずに。

◉砂糖をビビらずに大量に入れる。しょうがは後から入れるかタレに混ぜるかで風味が変わる。

◉肉の表面に焼き目を入れる。中心まで火を入れすぎない。

◉小麦粉をまぶすことでメイラード反応が起こりやすく、火の通りがゆるやかに。さらに汁にとろみがつき、味が舌に長時間残る。

作り方

1 肉を5～10㎜の厚さにスライスし、筋切りをする。
2 1に小麦粉を薄くまぶす。
3 しょうがをすりおろし、調味料の材料をすべて混ぜる。
4 油をひいた鉄のフライパンを中火にかけ、肉の片面に焼き色をつける。
5 4に玉ねぎを加え、しんなりするまで火を通す。
6 余分な油をキッチンペーパーで拭きとった5に3を入れ、全体を混ぜ合わせる。
7 タレが煮詰まり、とろみがついたら完成。

［コラム］

01 お店の味とは何か

理論を知り、何度か実践すれば、一般的な家庭の味は簡単に超えることができます。「はじめに」でも少し話しましたね。しかし、この本を手に取るような料理好きのあなたはもう少し上のレベルを目指したいのではないでしょうか。

おいしい店に行った時に思いませんか？「どうやったらこんな味になるんだろう」「自分の料理とは何が違うんだろう」と。私も素人の料理好きから独学でプロになった身で、大したものではないのですが、これを考えることができればお店の味になるというヒントをいくつか置いておきます。

めんつゆ、コンソメ、ダシの素を使わない

飲食店の調味料は必ずしも特別よいものを使っているわけではありません。むしろコストパフォーマンスの観点から一般家庭より安いものを使っているお店も多いと思います。ただ、混合調味料は使わないことが多いです。独自にブレンドして作ったりします。なぜな

ら、めんつゆ、コンソメ、ダシの素こそが〝家庭の味〟だからです。逆に、なんだか味が決まらない…という際は、これらを少し入れてあげるとまとまります。

五味のバランスを考え、＋１の刺激を入れる

五味とは、甘味・塩味・酸味・苦味・うま味です。それぞれに相関関係があり、この五味が全て含まれていてバランスが良いと「おいしい」と感じます。少し高度な考え方ですが、「一口」に全てが含まれていなくとも、「一皿」や「一食」の中でバランスを考えることもできます。

＋１の刺激とは、辛味・香り・食感など。料理会の風雲児『ｓｉｏ』の鳥羽周作シェフに教わった考え方なのですが、これを考えるようになってから、どんな料理でもおいしく作れるようになりました。

人に喜んでもらうためにどうするのかを一生懸命考える

お店の料理の本質は、当たり前ですが「お客様に提供する料理」です。おいしければいい、高い食材を使えばいい、安ければいい、というものでもありません。よいかどうかを決めるのはお客様なのですから。お客様はどんな料理を出せば喜んでくれるのか、相手の立場になりながら一生懸命考えながら料理を作れる人はなかなかいません。一線を越えた味の本質はそこにあるのかもしれませんね。

角煮

最初に沸騰する直前まで強火にかけ、
90℃くらいの温度になったら弱火にして、
長時間火を入れていきます。
こうすることで、肉にゆっくり火が入ります。

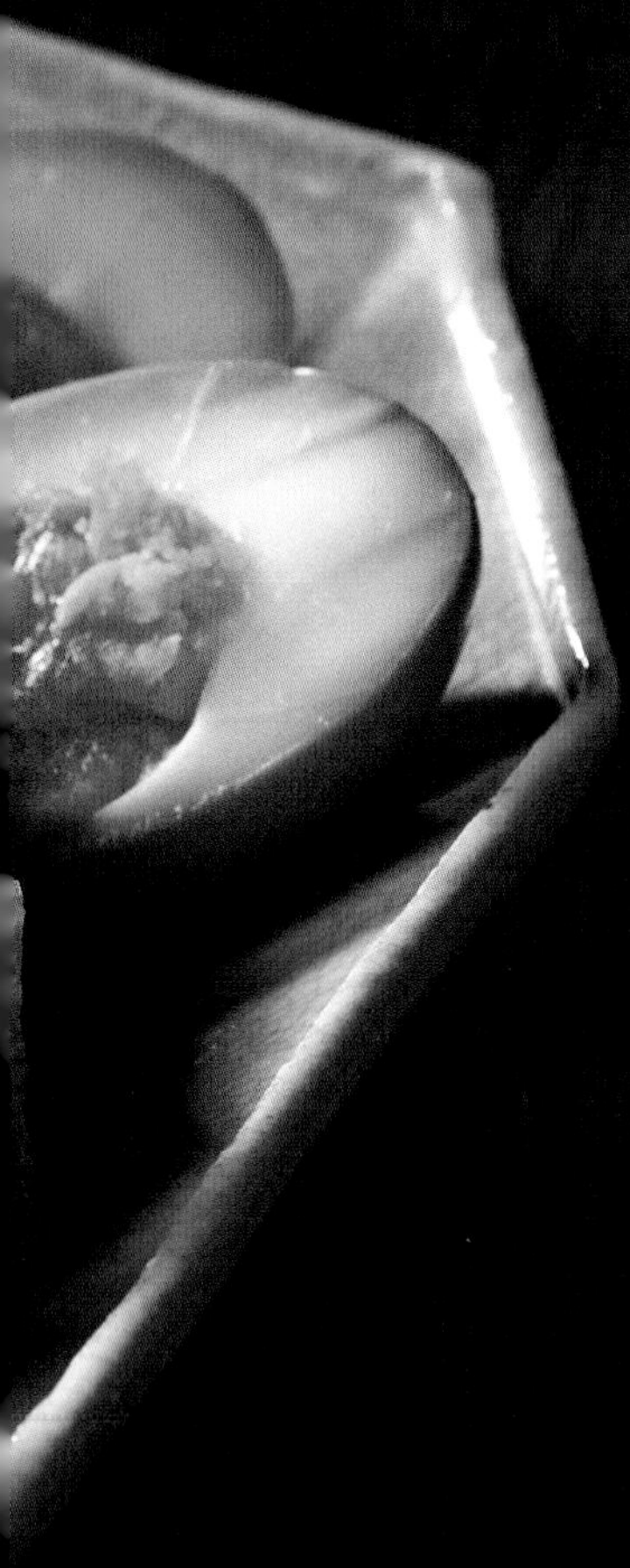

料理の常識を疑ってみよう

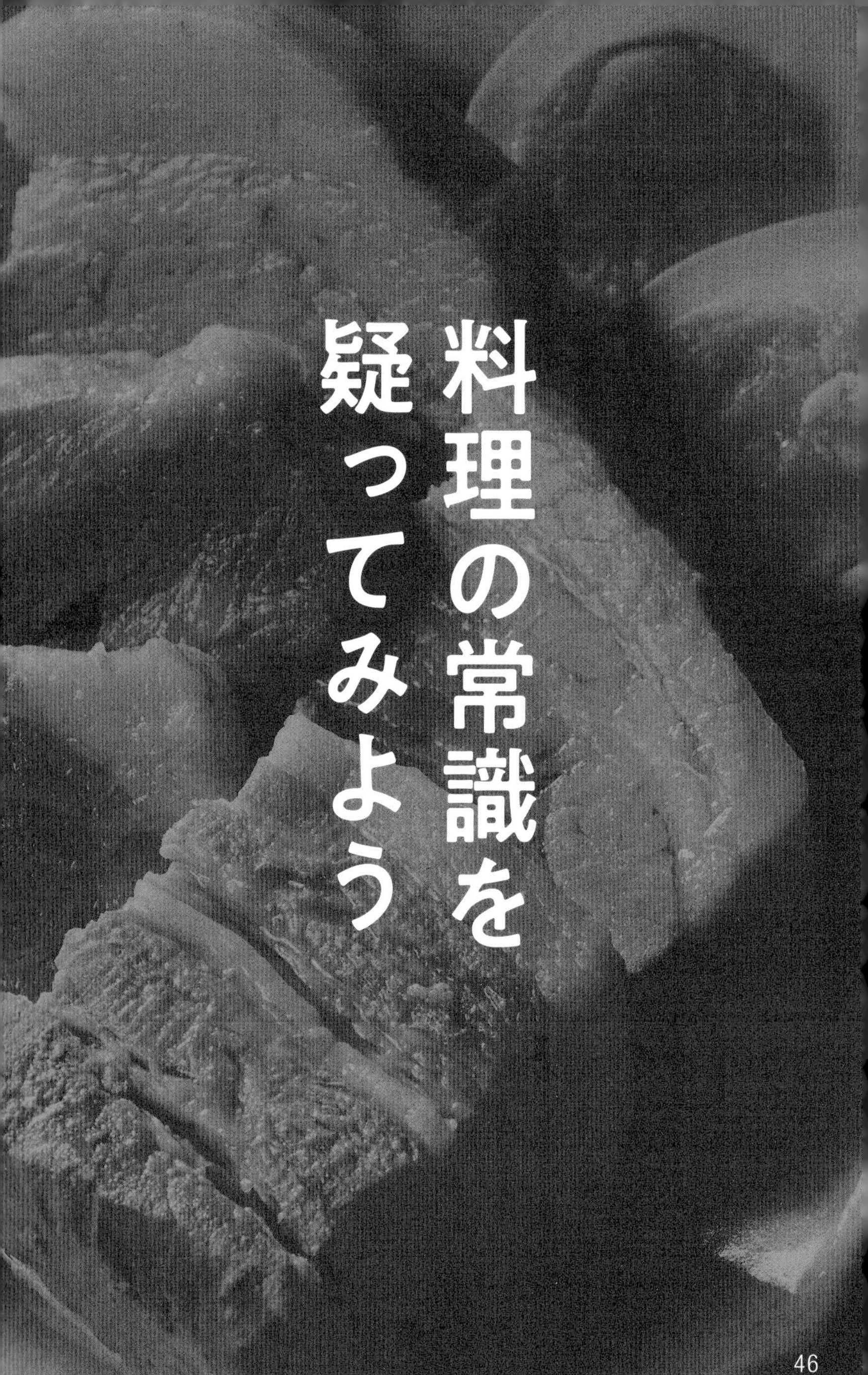

角煮

角煮ほど日本人に愛される料理はないでしょう。やわらかくプルプル。日本人が大好きな甘じょっぱい大きな一切れ。それを作るために何時間も丁寧に調理していると、我が子のような愛情が芽生えます。

それゆえ、角煮のレシピをめぐってはいろいろな情報が錯綜しています。

「最初に表面を焼き付けるといい」

「圧力鍋を使うとやわらかくなる」

それぞれの思う最上のレシピがあることを承知の上で、私の思う最高のレシピをご紹介したいと思います。

ということで、豚バラブロックを使って角煮を作りましょう。

まず、下ゆでをします。お酒・しょうが・ネギは臭みを消すために必要です。こちらとともにゆでること1時間。

その後、肉を取り出したら、新しい水と調味料を入れた鍋で長時間煮ます。大事なのは肉がほろほろになった段階で、肉を取り出すこと。そうしたら汁を煮詰め、肉を戻します。

どんどん温度が高くなると先述のアクチン（P25参照）が変性してしまうため、一度取り出して、煮詰めてから、また肉を戻すといいでしょう。そして煮詰めたものをまとわせる。時間が経てばさらによし。本当に味をしみ込ませたいのだったら、温度を上げたり冷ましたりを繰り返します。熱い方が水の分子が動くため、周りの煮汁と肉の水分の交換が早く行われる。だからどんどん味が入ります。ちなみにこちらの角煮は冷凍保存しても味の劣化はほとんどありません。

矛盾に折り合いをつける

角煮はコラーゲンという物質を変性させないと絶妙なトロトロ感は生まれません。70℃以上になるとコラーゲンがゼラチンに変化します。しかし、ここで問題があります。アクチンはなるべく66℃以上にしたくないと先ほどお伝えしています。この矛盾をどう乗り切るか。

ということで、折衷案でいきましょう。

最初に沸騰する直前まで強火にかけ、90℃くらいの温度になったら弱火にして、長時間火を入れていきます。こうすることで、肉の中にゆっくり火が入ります。水分は抜けきらず、肉の食感は残しながらも繊維はほぐれ、脂身はトロトロ。幸せな結末が待っているのです。

角煮の原点といわれる中国料理のトンポーローは蒸して作るのが本場のレシピなのですが、蒸すという調理は、熱伝導率が低いため、煮崩れも少なく、栄養流出も少ないといわれています。長時間蒸せる蒸し器を持っていれば試してみてもよいでしょう。

角煮には圧力鍋がいいという説もありますが、こちらも賛否あります。鍋の中の気圧が上がることで、沸点を上げるのが圧力鍋の仕組みです。たしかに120℃まで温度が上がれば細胞は破壊されやわらかくなります。しかし、絶妙のトロトロ食感は作れない。赤身がパサついた角煮に仕上がりやすいんです。つまり圧力鍋は使い方次第ということなのでしょう。

料理は水で変わる

角煮を作る際の水について考えてみます。

角煮に水？　水道をひねれば飲料水が出てくる日本では、そもそも水を選ぶという概念が希薄です。しかし、私たちが何げなく手にするミネラルウォーターを飲んだ時に感じる違和感。ここに硬度が関わっていることも多いのです。

硬水とは水１ℓあたりのカルシウムやマグネシウムの含有量が多い水を指します。

硬水には大きなメリットがあって、硬水に含まれるカルシウムが肉を硬くする成分と結びつき、アクとなって排出してくれるのです。

その昔、沖縄でラフテーを食べた時に本当においしくて、必死にレシピを調べたんです。でも、どれだけ試行錯誤しても、材料を試しても、どうやったって現地で食べたあの味にはならなかったんです。おいしいラフテーを作るという野望は暗礁に乗り上げたのですが、ある時はたと気がついたんです。もしかしたら水ではないか。

地域によってかなり違うそうですが、やはり沖縄は硬水でした。だからおいしく豚肉を食べられる文化が発達したのかと。

そうして、硬水を取り寄せて、理想の角煮は完成しました。エビアンが使いやすいですが、コントレックスと水道水をミックスしてもいいでしょう。硬度が高すぎてもあまりおいしくならないことも、実験を重ねた結果わかりました。２００〜３００くらいの硬度がベストです。

ちなみに南アルプスの天然水が30ほど。エビアンは３００。コントレックスは１５００

弱でした。コントレックスはとびきり「硬い水」ですが、水道水で1：5の割合で薄めても同じように使えます。

硬水を使うことのデメリットは、肉がやわらかくなりすぎてしまうことです。そのために、煮る前に表面を焼くという工程も欠かせません。これで香ばしくなりますし、煮崩れしません。やはり素材の形を残すことは大事。見た目もそうですし、食感にもつながるからです。

余談ですが、沖縄ではカツオダシが一般的で昆布を具材として食べる文化があるんですね。実は、硬水だと昆布のダシが出づらいんです。ということはぐつぐつ煮込んでも昆布の中に味が残っている。それがおいしい。食文化の根底には水があるのです。

スパイスを活用する

コーラを入れて調理をすると肉がやわらかくなるという話はよく知られています。ただ、なぜそうなるかはきちんと解明されていません。ｐｈ（ペーハー）が酸性のため、その作用でやわらかくなっているという説もありますし、炭酸の振動でやわらかくなるという説もあります。

ただ、コーラを調味料として使うと調理の幅が広がります。さらにお店の味に近づきます。コーラにはたくさんのスパイスが使われていることがわかっています。近年人気のクラフトコーラは豊かなスパイスの香りが印象に残りますよね。

ということで、コーラをガラムマサラ的に使うと味に奥行きが出ます。料理人は味に深みを与えるために砂糖を焦がしてカラメルを使うことがあるのですが、コーラにはまさにカラメルも入っている。うま味、苦味、深みなどすべてを一本で賄ってくれます。まさに大車輪の活躍。

ただ、角煮に使うとどうしても日本の角煮というよりは台湾料理の風味に近くなると感じます。私の場合、魯肉飯《ルーローハン》を作る際にはコーラを使います。カラメル感とスパイス感が絶妙なんですよね。

ちなみに、コーラを使って魯肉飯を調理する時、中国のたまりじょうゆは選びません。エスニックな味付けの中に日本のしょうゆを使うと、全体がさっぱりとまとまるからです。同じように紹興酒ではなく、日本酒を使います。

実は私の作る料理にはこのあたりに秘密があって、完全に現地の味を再現するより、自分なりにカスタマイズすることにこだわりをもっているのです。

割合でいうと、6対4で現地寄り。ちょっと異国気分を味わえる。これが実は私たちが普段外で食べている飲食店の料理の根っこにあるものなのかもしれません。

本場の味は料理の真髄が詰まっている

「お店の味」と人がいう時、私は専門店の味だと思っていました。

しかし、世間は違うようです。チェーン店こそがお店の味という人もいます。決して冒険をしない味付けだけど、広く受け入れられる。大衆に愛される。それがチェーン店の秘密です。

どちらかといえば、「専門店より家庭料理に寄せたもの」ともいえます。チェーン店のメニューは見た人に味を想像させて、想像した通りのものが出てくる。それが一番大事だからです。

でも僕はやはり、専門店の味を出したいですね。欲を言えば、手間をかけないで、店の味に近づきたい。僕のレシピがウケている理由はそこにあるのかなと思います。

現地の味に寄せすぎると、好き嫌いは分かれてしまいます。ただ、本場の味にはその料理の真髄が詰まっている気がするんです。日本にローカライズされた料理もおいしいけれど、時には冒険して現地の味を取り入れたいですね。だれかに提供する時は、その両者の上手な塩梅が大事なのだと思います。

最後に、当たり前の話かもしれませんが、角煮に使うお肉は高い肉の方がおいしく仕上がります。安いお肉だとボソボソとしてしまって赤身の味わいが全然違うんです。

一度、いいお肉を使って試して、その味わいの違いにびっくりしてください。

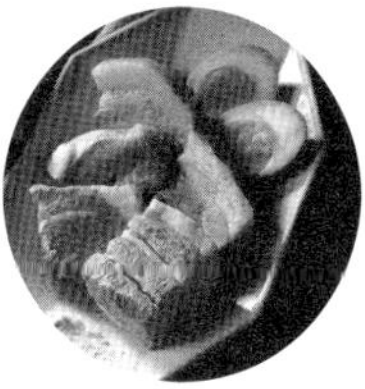

RECIPE

角煮

外はしっかり、中はゆるめに

おすすめのかたまり　バラ／肩ロース

材料（作りやすい分量）

豚バラ肉――500g
ゆで卵――お好みで

下処理用
ネギ（青い部分）――1本分
しょうが（スライス）――2片分
日本酒――150mℓ
水（硬度200～300の硬水）
――肉がひたるまで

調味料
しょうゆ――50mℓ
砂糖――30g
日本酒――150mℓ
オイスターソース――20g
水（硬度200～300の硬水）
――肉がひたるまで

POINT
◉豚肉はなるべく国産、可能ならばブランド豚などの高級なものの方が仕上がりが圧倒的によくなる。

作り方

1 豚肉を深い鍋に入れて、肉がしっかりひたるまで水を入れる。日本酒・ネギ・しょうがを入れて強火にかける。

2 沸騰直前の85～90℃でキープして1時間下ゆでする。アクが出ていたら取りのぞく。

3 肉をザルにあけたら、新しい水、調味料、肉を鍋に入れて、キッチンペーパーやアルミホイルで落としぶたをして強火にかける。沸騰直前に弱火にして、85～90℃をキープする。アルコールを飛ばしたいので蓋は閉めきらない。

4 2～3時間煮込んだら、肉のやわらかさを確認し火を止める。鍋をそのまま放置して常温まで冷ます。ゆで卵を入れる場合は、このタイミングで入れる。

5 煮汁の味が薄ければ煮汁のみを煮詰めて完成。

トンテキ

お肉をカットしたら、その断面に注目してください。
中心の色が、ソメイヨシノくらいの白みがかったピンクになっていれば成功です。
牛豚問わず、断面の美しい色はおいしさの証しでもあります。

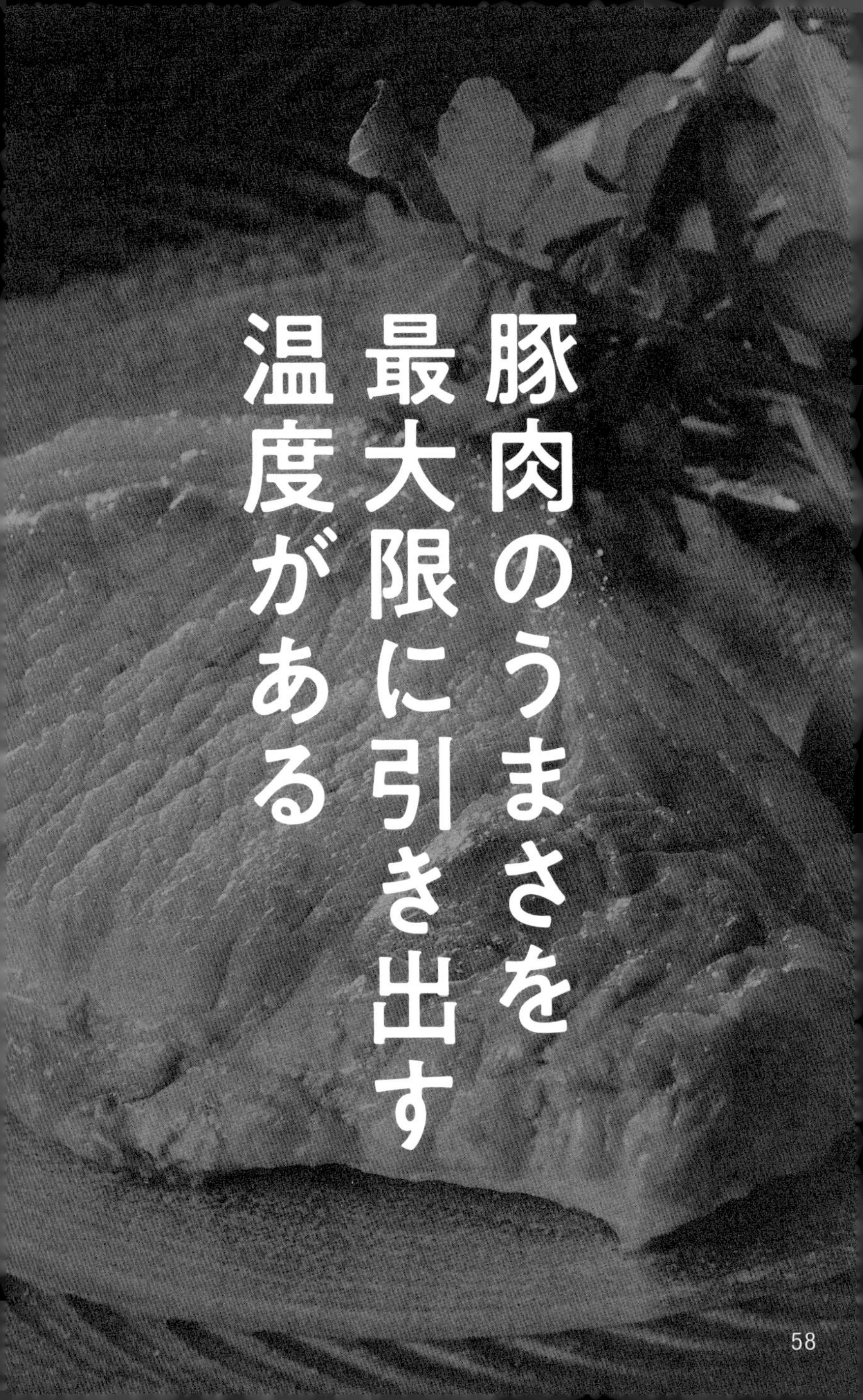

豚肉のうまさを最大限に引き出す温度がある

トンテキ

トンテキとは文字通り、豚のステーキ。牛肉のステーキに比べるとどうしてもパサパサして味が落ちてしまう、と感じる方は多いでしょうが、調理法で劇的に改善させることはできます。

まずはかたまり肉を用意します。肉のカットの段階からおいしいトンテキ作りは始まっています。人間が「これはステーキだ」と認識できる厚さは1・5㎝以上、それ以下だと薄切り肉だと判断してしまうようです。ということで、2㎝以上の厚さにカットします。スーパーに置いてある「トンカツ用」と書かれた肉より厚く切ることを目指します。

カットしたら軽く塩をふり、数分おいたら、雑味の含まれたドリップを拭きとり、うま味を凝縮させます。次に肉の筋を包丁で断ちます。筋切りの機械などは手っ取り早く柔らかくはなりますが、細胞が破壊されうま味が損なわれる気がするので最近は使わなくなりました。

筋切りした肉は、焼く前に必ず常温に戻します。この工程はとても大事です。冷たい状態から、調理を始めると、中と外で温度差があって、表面だけが焦げてしまうからです。目標は中心部を70℃前後の温度で仕上げること。

ところで、普通にスーパーで売っている肉を焼いても思ったよりおいしくならないのはなぜでしょう。それは、豚肉は火入れが難しいからです。

豚肉にはE型肝炎のウイルスがいる可能性があるので、国のガイドラインで63度30分、75℃1分と同等の殺菌時間が必要と定められています。

つまりしっかりとした加熱が必要で、牛肉ステーキのようなレアができないのです。

ゆでるという発想の転換

私が考え出した最新の調理法をご紹介します。その名も『塩ゆで焼き』です。まず、肉全体にたっぷりの塩をすり込みます。塩味をつけ、余分なドリップと臭みを出し、タンパク質を変性させてやわらかくする効果もあります。次にフライパンに肉がかぶるくらいの水と塩分濃度が約3％になるように塩を入れて溶かします。水500㎖（ペットボトル1本分）に塩15ｇ（ペットボトルの蓋2杯分）と覚えるといいでしょう。そしてここに肉を入れ、中火にかけます。何度か肉を返しながら沸騰させて10秒ほどゆで、取り出して全体の水分を拭き、再びフライパンで両面にしっかりと焼き色をつけたら完成です。

ステーキを焼くのにまずゆでるのは、我ながら破天荒すぎて何らかの神からバチが当たるんじゃないかと思いましたがご心配なく。3%の塩水であることで肉が水っぽくならず、短時間の加熱のためうま味の流出もほとんどありません。この手法の何がいいかというと、本来ステーキを焼く時に常識だった「あらかじめ肉を常温に戻す」という工程が省ける点です。空気よりも水の方が熱伝導率が高いため、短時間で中心温度を上げることができます。また、中心温度のコントロールもしやすく安定したクオリティで調理できます。飲食店でステーキを出す時にも便利ですね。カウンターで調理を見たお客様はびっくりするかもしれませんが……。

調味は最低限でいい

下味がついていますから、味付けはそのままでも十分おいしいと思います。うま味調味料を足すと暴力的においしくなります。豚肉は、イノシン酸が含まれているのでグルタミン酸と混ざって、さらにうまくなるんです。でも、飽きます。うま味が強すぎて。それは素材の持つ本来のおいしさを引き立てず、過多になるから。

一方で塩は食材のうま味を引き出してくれます。昆布やカツオでとったダシはそのままではたいしておいしいものではありませんが、そこに塩を加えるだけで、ものすごくおいしいごちそうになりますよね。塩分とうま味が相乗効果になり、五味のバランスがよくなるからです。

しょうゆとわさびでいただくのもいいでしょう。肉を焼いたフライパンで、そのまま照り焼きソースを作ったらお子さんは喜ぶかもしれません。

それでもやはり、塩味にコショウをかける程度が一番だと私は思います。最後まで飽きませんし、豚肉が持っている、うまさと甘味、香りをダイレクトに味わうことができます。私が思うのは、素材の良さを引き出すのが調理で、味付けは調味。しっかりとした温度管理のもとで完璧な調理をすれば、調味は最低限でいいはずです。

ただ、料理全般にいえることなのですが、どういう味付けにするのがベストかは、やはり食べないとわからない。そこからこういった味付けをしたらいいのではと考えるのが楽しい。ある程度食通になると、「塩のみがベスト」信者のようになる時期があるかもしれません。それはそれでいいかもしれませんが、たった一つの答えに凝り固まるのではなく、「自分らしい好みの味付け」「大切な人が喜ぶ味付け」を見つけてほしいと、私は思います。

RECIPE

トンテキ

牛肉に匹敵するごちそう

おすすめのかたまり バラ／ロース／肩

材料 (1人分)

豚肉（厚さ2㎝）——1枚
塩——適量

水——500mℓ
塩——15g

オリーブオイル——15mℓ

作り方

1 豚肉の筋を切り、塩をしっかりとまぶす。
2 深めのフライパンに水・塩を入れて溶かす。
3 2に肉を入れ、強火にかける。
4 ときどき肉を返しながら、沸騰して10秒後に取り出し、キッチンペーパーで水気を拭く。※肉の厚さによって、秒数を加減してください。
5 フライパンを一度洗い、オリーブオイルを入れて強火にかける。
6 4の肉を入れ、両面を焼き、焼き色がついたら完成。

チャーシュー

チャーシューの居場所は
ラーメンの上にだけあるのではありません。
色々楽しめる、
すばらしく豪華なごちそうなんです。

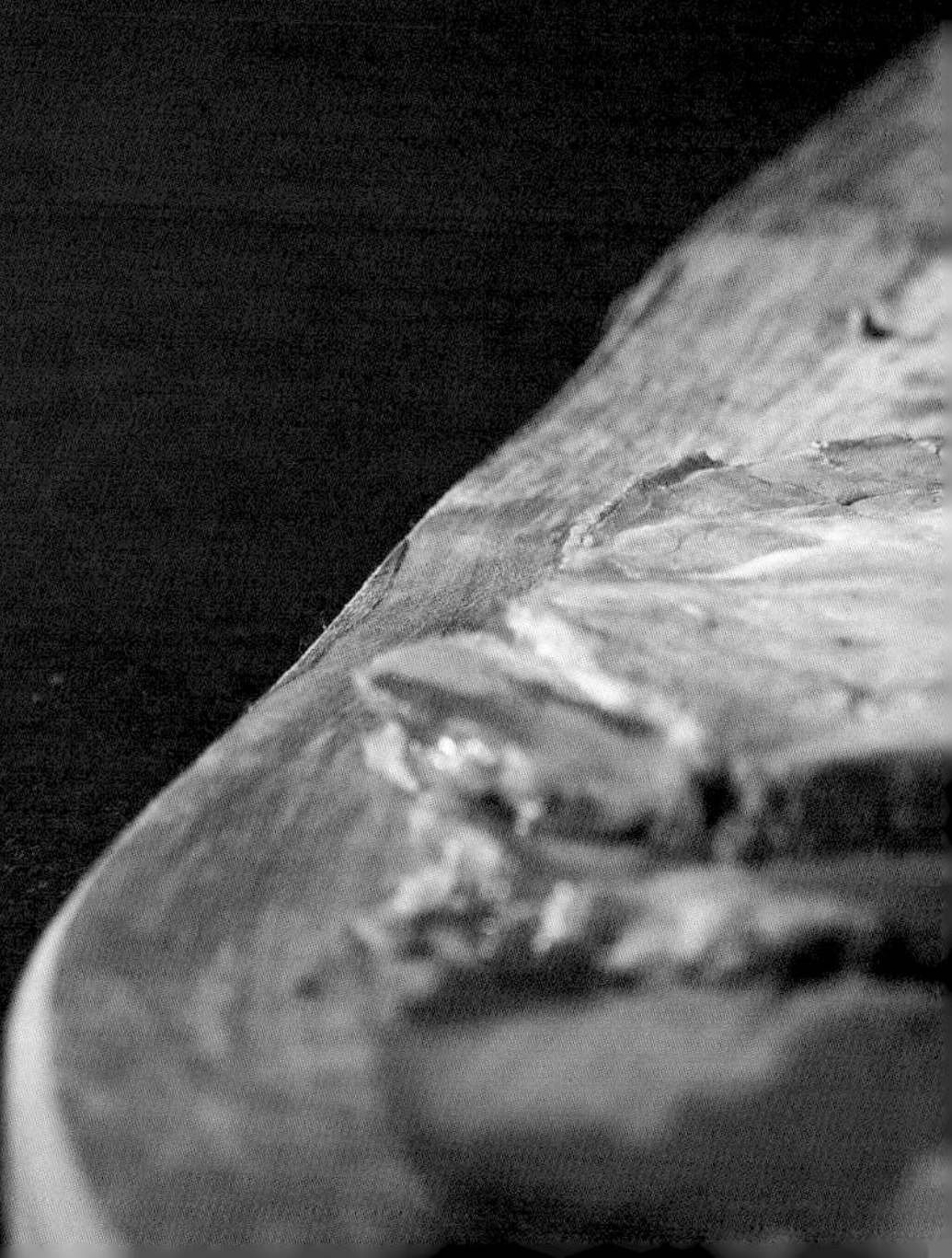

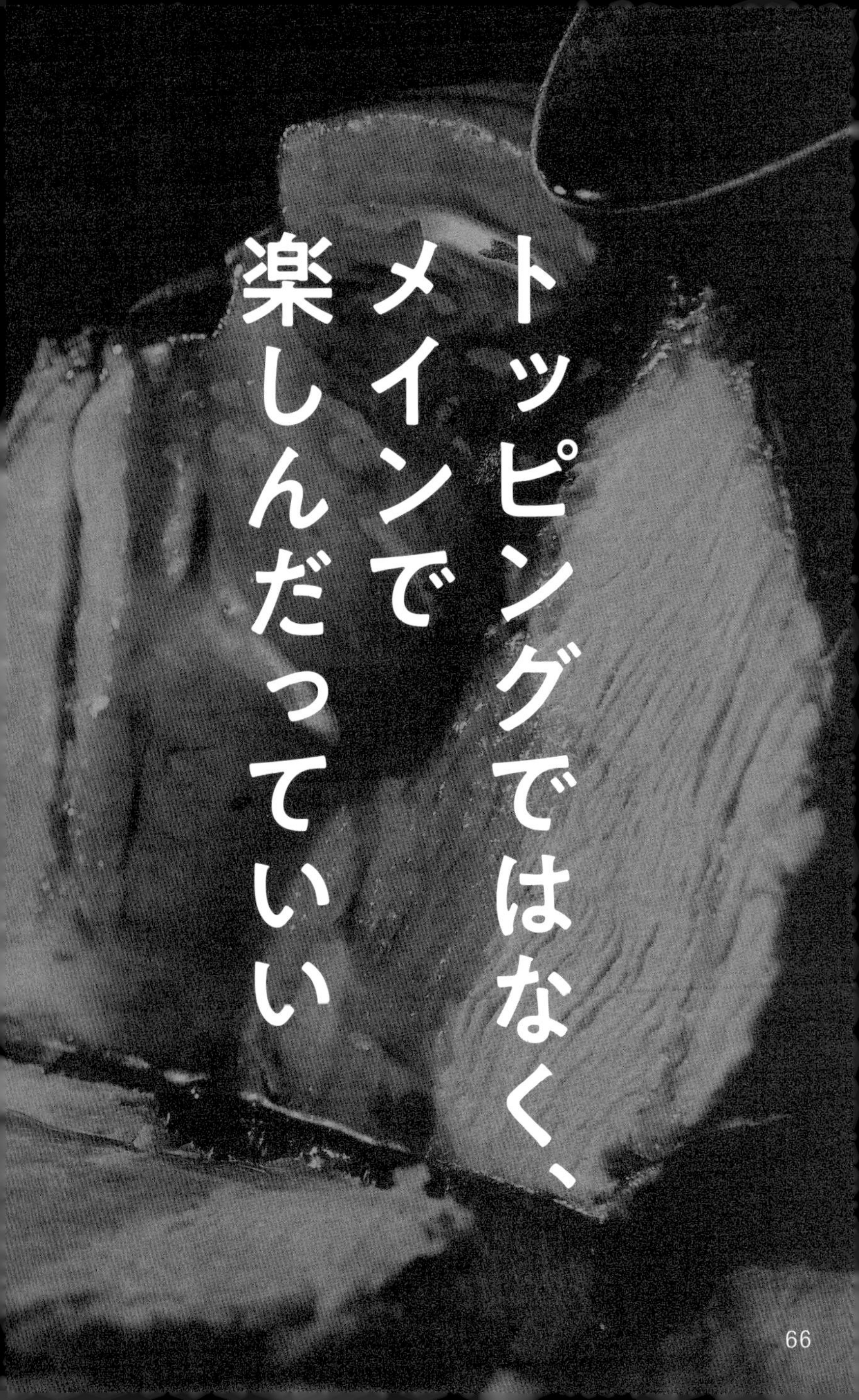

トッピングではなく、メインで楽しんだっていい

チャーシュー

チャーシューを語るには、まず『叉焼』と『煮豚』について語らねばなりません。

まず、日本においては、ラーメンに入っている肉全般をチャーシューと呼びます。「このチャーシューは低温調理の鶏肉だ」という表現を聞いたことがあると思います。本来は豚肉を味付けして、炉で焼くのがチャーシュー（叉焼）なのですが、日本のチャーシューは調理法が全く異なる『煮豚』です。煮豚は文字通り、味付けをしながら煮たものです。本来の『叉焼』は単体で肉料理としての完成度が高く、日本のチャーシューである『煮豚』もラーメンのトッピングの域を超えてすっかり肉料理の定番となるほどポピュラーになりました。どちらもどちらで違う魅力があります。

ただし、チャーシューがたっぷり入った麺をお店で食べたり、スーパーで出来合いのものを買うとなかなか値が張りますから、お腹いっぱい食べたいけど、注文するのはすこしためらってしまいますよね。

お腹いっぱいチャーシューを食べたいという欲望は、かたまり肉が叶えてくれます。

まずは肉を漬け込む調味液（タレ）を作ります。チャーシューはラーメンなどと合わせる際にもある程度の存在感を発揮する必要があります。しょうゆ、砂糖、塩、ネギの青い部分、にんにくを鍋に入れ軽く煮立たせたら、一晩そのままおいて味をなじませます。

翌日、ようやく肉の調理に取り掛かります。鍋に入る大きさのかたまり肉をタコ糸で縛ります。これはチャーシューを作る上で非常に大事な工程で、縛ることで型崩れ防止になります。煮すぎた角煮を思い浮かべていただければわかるように、煮ることの弱点の一つは外側がぼろぼろになっていくことですから、このひと手間を加えることで仕上がりがきれいになります。

料理は科学です

今回は豚バラで作りますが、肩ロースでもモモでもいいでしょう。バラだと、とろっとしてとろけるような食感になります。肩ロースは脂もありつつ、かみごたえもある。脂身の少ないモモだと、昔ながらのラーメンに入っている、みっしりとしたチャーシューになります。

まずはタコ糸で縛った肉をゆでていきます。

温度が上がりすぎるとボソボソした食感になってしまいます。しっとりとしてうまいチャーシューを作るには、必要以上に加熱をしすぎないことが重要です。

国が決めているガイドラインは、「豚肉は63℃で30分以上」か、それと同等の加熱をすれば安全だとされています。この絶妙な加減を目指したいものです。目指すは中心温度が70℃です。

まず85~90℃のお湯に2時間程度つけましょう。この時肉の中心が70℃以上になればいいのですが、さてどうやって測るのか。ここで登場するのが温度計です。

70℃とはどれくらいという質問に「肉に鉄串を刺して唇に当てて、熱いと感じたらそれくらい」というアドバイスがありますが、それよりも温度計を使う方が確実ですし衛生的です。『料理は温度、料理は科学』ともよく聞くようになったことですし、是非購入していただきたいです。ネット通販だったら1000円台で立派なものが買えます。

温度計はスティックタイプと赤外線で計測する2タイプに分かれるのですが、前者を購入した方が汎用性は高いです。肉の中心温度がわかるので、Ａｎｏｖａなどの低温調理器の代用にもなります。

それにしても、低温調理は一般的になりましたよね。これはタンパク質の変性を避けて、肉をやわらかくいただける失敗知らずの調理法ですが、肉のかたまりは焼くよりもゆでる方が温度コントロールしやすいんですね。たとえば、フライパンは100℃以上に熱くなるので、触れている部分を60℃台にするのはとても難しい作業です。そして、フライパンに触れているところは、熱が入るけど、それ以外は熱が入りづらいこともあり、低温調理と真逆の調理法といえます。

お湯を使った低温調理はどれだけ熱しても100℃までにしかならないので、コントロールしやすいし、水は熱の伝導率が高いから、むらなく熱が伝わります。温度管理さえ失敗しなければ、間違いなくおいしくなります。

ゆでる際は決して強火を続けないでください。100℃になるとやはり肉に負荷がかかるので、ボソボソと硬くなってしまいます。

では中心部を70℃にしたいなら70℃のお湯でゆでればいい、という考えもありますが、まず時間がかかってしまいます。そして肉全体に〝均一〟な感じで火が入ってしまいます。

お菓子などで「外はカリカリ中はふわふわ」と表現することがありますが、人間は一度の食事で違う食感を味わえることに喜びを感じるんです。そして同じ食感が続いたらきっと飽きてしまいますよね。

ちょっと強めに火入れした方が、熱の入り方のグラデーションがうまれて、外はしっかりと硬めで中に行くほどジューシーで柔らかいという、食感の変化もうまれるわけです。

食べたい気持ちをぐっと堪えること

今回は2時間ゆでます。肉の大きさにもよりますが、これくらいの時間をかけてゆでれば、中までしっかりと火が入ります。最初は強火で、沸騰したら弱火にしてしばらく放置です。

ゆでている間は特にすることもないのですが、気が向いたらアクを取りましょう。野菜も肉も、熱を加えることでアクが出ます。茶色い泡として表面に浮かび上がるのがアクです。これは血液、タンパク質などで、このアクを取り除かないと臭みが出てしまい、料理の仕上がりがだいぶ変わります。

2時間経ったら、肉を鍋から取り出し、粗熱を取ります。ちなみにこの時点で冷凍保存することも可能です。冷凍したゆで豚は細胞が壊れるから、やわらかくなって、味も入りやすくなります。

さて、粗熱をとった豚肉は、調味液とゆで汁と合わせたものに漬け込みます。ラーメン店はやはり効率が大事ですから、ガンガン火を入れてチャーシューに味を入れる店もあるようですが、タレのしょうゆの風味を活かすためにも、じっくりと一晩かけて味をしみ込ませた方がいいでしょう。すぐにでも食べたい気持ちはわかります。でも、私たちにはかたまり肉を買うという冒険心と、できるだけおいしいものを食べたいという探究心があるはず。ぐっと堪えてください。

そして翌日。冷蔵庫から取り出したチャーシューをお好みの厚さに切っていただきます。軽く電子レンジでチンをしてもいいですし、バーナーで炙ってもいいでしょう。メイラード反応がさらにうま味を演出してくれます。

できたチャーシューをラーメンにのせてもいいですし、チャーシューをメインディッシュとして扱い、炭火でじっくり炙っていただいてもいいでしょう。

チャーシューの居場所はラーメンの上にだけあるのではありません。いろいろ楽しめる、すばらしく豪華なごちそうなんです。

そんなふうにして堪能していたらあら不思議、出来上がったチャーシューはあっという間に消えてしまうのでご注意を。仕上がりまで時間がかかるので、また食べたくなった時のために、次のチャーシューの仕込みは早めに始めましょう。

備えあれば憂いなし。これはきっとチャーシューのためにある言葉なのです。

RECIPE

チャーシュー

自宅でできる絶品豚肉料理

おすすめのかたまり バラ／肩ロース

材料 （作りやすい分量）

豚肉——800g
ネギの青い部分——1本
玉ねぎ——1/2個
にんにく——1/2カケ
しょうが——1/2個
タレ
しょうゆ——120mℓ
砂糖——12gl
塩——3g
うま味調味料——3g
にんにく——1片
ネギの青い部分——1本分

作り方

1 タレのすべての材料を鍋に入れ、中火にかけて1分煮立たせたら、火を止めて一晩冷ます。

2 豚肉をタコ糸で形を整えながらしっかりと縛る。

3 鍋にタレ以外のすべての材料を入れ、しっかりひたる水位まで水を入れ、強火にかける。

4 沸騰したらアクを取って弱火にして、そのまま2時間ほど煮込んだら、肉を取り出す。

5 1と4の煮汁を1：1で割る。

6 肉と5を保存袋に入れて空気を抜き、冷蔵庫で一晩寝かせたら完成。

［コラム］

02 保存のススメ

かたまり肉を購入しても食べきれない、使いきれないと考えている方も多いでしょうが、大丈夫です。そもそもスライスの肉よりも長持ちしますし、時間のかかる料理も途中まで仕込みをして保存しておけば簡単に調理できます。

冷蔵の場合

肉が悪くなる大きな原因が、雑菌による腐敗です。腐敗を防ぐために必要な考えが「（雑菌を）つけない・増やさない・やっつける」です。

以下のような方法があります。

・アルコールスプレーで表面を殺菌する

雑菌の多くは肉の表面に付着しています。まずはこの菌をできるだけ減らします。熱で殺してもいいのですが、あとの調理に関わってきますし細胞が破壊されて劣化が進むことにもなるので、アルコールスプレーがオススメです。殺菌効果を最大限発揮するためにあらかじめ肉の水分を拭き取ってから吹きかけ、しっかりと拭き取りましょう。

・キッチンペーパーで全体を包んでから2重ラップ

雑菌の多くは増殖に水分と空気を必要とします。切ってから時間の経った肉は水分（ドリップ）がしみ出してきて雑菌を増やす原因

になるので、これを吸収するためにキッチンペーパーなどの吸湿紙を巻きます。その上で、空気を遮断するようにラップをキツめに巻きます。二重にするとより効果的です。何日か保存する場合は、キッチンペーパーを毎日取り替えます。

・冷蔵の温度は0～5℃

多くの雑菌は低温下で活動力が落ちます。1℃の違いでかなり変わってきますので、できれば冷蔵庫の「チルドルーム」での保管がおすすめです。

冷凍の場合

かたまり肉は冷凍も効果的です。冷凍して食材が変化するというのは、内部の水分が結晶化して肉の細胞が傷つくのが主な原因です。これを抑えるには、できるだけ素早く冷凍することです。ラップでしっかりと空気を抜いた後にアルミホイルを巻いたり、アルミのプレートの上にのせて冷凍庫に入れると、アルミの熱伝導率を利用して早く冷凍されます。

もう一つの劣化は「冷凍焼け」です。これは凍ったあとも水分が昇華することによって起こります。しっかりと空気を抜いてキツめにラップを二重に巻くことと、できる限り低温で冷凍してください。同じ冷凍庫の中でも冷える場所冷えない場所があったりもします。

ちなみにおすすめは、ゆでてから冷凍することです。本書に掲載しているレシピの多くが「最初にゆでる」という調理をしているので、とりあえずゆでて冷凍→そのあとに作る料理を考えるという使い方もできます。

豚丼

ゆで豚なら焼きすぎを防ぐ効果がありますし、ゆっくり火を入れることができます。一度蒸してからタレをつけて焼き色をつける鰻丼に近いかもしれません。

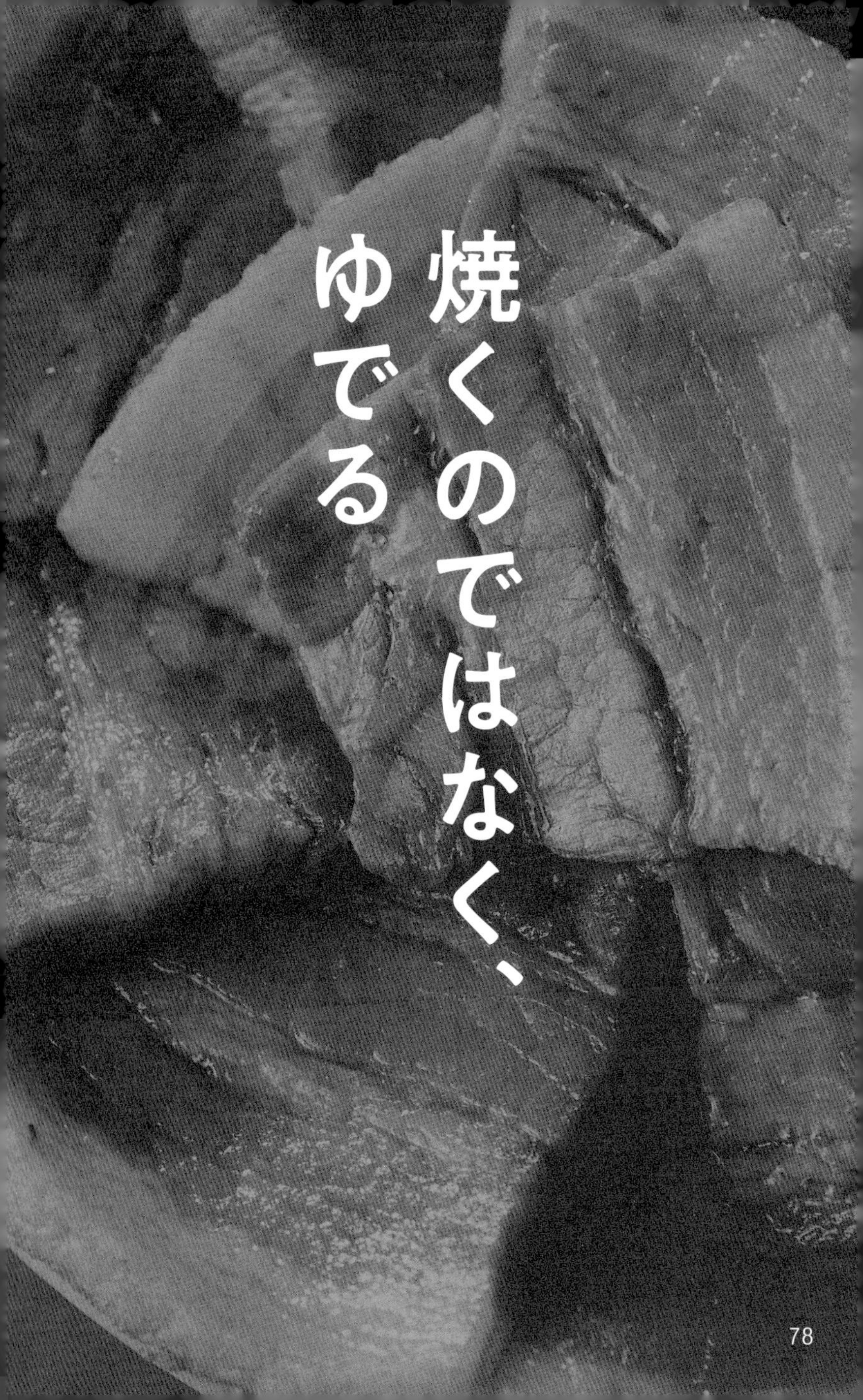

焼くのではなく、ゆでる

豚丼

豚肉と牛肉はよく比較されます。高級料理の代名詞ステーキは牛肉が一般的ですし、一方の豚肉は庶民の食べ物というイメージがあります。なかでも牛丼とよく比較されるのが豚丼です。大手チェーンが牛肉不足の時に牛肉の代用品として苦し紛れに作ったメニューは、薄切りの豚肉を甘辛く味付けしたもので、以来、日本全国で豚丼のイメージを決定づけました。この豚丼もおいしいのですが、やはりあのレシピは牛肉を使った方がおいしいと思います。

牛丼のルーツはすき焼きにあるとされています。サシの入った牛肉を薄く切って、甘辛いタレで煮る。豚肉は薄切りにすると赤身と脂身が分かれているので、食感もあまりよくない。牛肉と比べると、味のノリもあまりよくないように感じます。この豚丼はやはり牛丼を超えられないですし、牛丼の下位互換だと思っている方が多いのも仕方ないのかなと思います。

私が頭で思い描く最高の豚丼は、北海道・十勝地方の豚丼です。養豚業が盛んだった北海道では、厚切りにした豚肉を砂糖じょうゆで味付けした濃厚なタレをからめ、ごはんの上にのせたものを豚丼と呼びます。最近では東京で食べられるお店も増えたので、ご存じの方も多いでしょうね。

帯広にはいくつも有名店がありますが、タレをからめた豚肉を炭火でじっくりと焼くのが現地の作り方です。それによって、タレの糖分が焦げて、メイラード反応とカラメル反応が同時に起こり、そこに炭の香りが重なってなんともいえないうま味を醸し出します。
ただ家でそれを再現するのは至難の業ですから、ここは発想の転換が必要です。

ゆでて余分な脂を落とす

まずはかたまり肉をゆでることから始めましょう。最初にかたまり肉とネギなどの臭み消しを入れて、ゆで豚を作ります。炭火で焼くと余分な油を落とす効果があるのですが、ゆでることでも同じ効果が期待できます。その後、フライパンでカラメルを作り、調味液を混ぜて煮詰め、カットしたゆで豚と合わせます。

いわゆる焼くという工程はこのレシピにはありません。豚丼の大きな失敗は、焼きすぎて肉がゴムのように硬くなってしまうことでしょう。しかし、ゆで豚なら焼きすぎを防ぐ効果がありますし、ゆっくり火を入れることができます。一度蒸してからタレをつけて焼き色をつける鰻丼に近いかもしれません。

豚丼のタレはフライパンで合わせてしっかりと煮詰めることで、本場の味に近くなります。ゆでた肉を取り出して5～7㎜、しょうが焼きよりは少し厚いくらいにカットします。

これをタレにからめたらほぼ完成です。

　タレのポイントとなるカラメルですが、砂糖にもいろいろあって、グラニュー糖は精製度が高く余計なミネラルなどが入っていないため、非常にカラメル反応が起きやすいんですね。グラニュー糖はショ糖を主成分としており、ハチミツの主成分は果糖とブドウ糖と、同じ甘味物質でも材料によって感じ方が違います。さらにみりんを合わせることで複雑な甘味になります。

　砂糖、ハチミツ、みりんと甘さのオンパレードですが、実はこれがポイント。北海道の豚丼がおいしいのは、ひと言でいえば甘いからなのです。寒い北海道では昔から甘いものはごちそうでした。それゆえ、料理における甘さの重要性を理解しているといえます。甘いタレに、甘さと相性のいい豚肉。両者の出会いは必然だったのでしょう。

豚肉だからこそおいしい料理

　水とグラニュー糖を火にかけて、色が茶色に変わり香ばしくなったら、さらに水と調味料を入れてとろみが出るまで煮詰めましょう。すでに食欲をそそる香りを周囲に届けているタレに、肉をからめます。

タレをたっぷりからめたら、ごはんに乗せましょう。白髪ネギや温玉をのせてもいいのですが、ここは本場十勝へのリスペクトを込めて彩りのグリンピースのみのスパルタン仕様がおすすめです。料理に必要なのは味だけじゃないんですね。やはりビジュアルも大事で、何かしらの彩りがあった方がおいしそうに見えます。

濃厚なタレがたっぷりかかった豚肉はごはん泥棒。濃厚な味わいゆえ、山椒をかけるとよりおいしくいただけます。また箸休めのたくあんはほしいところ。一緒にいただくみそ汁も、豆腐とネギなどのシンプルなものがいいですね。

私が作りたかったのは、「豚肉だからこそおいしい」料理です。北海道の豚丼と同じレシピで牛肉を調理しても、油っぽく味がくどくなってしまうでしょう。濃厚なタレとかみごたえのある豚肉だからこそ、成立するものなのです。

ということで、かたまり肉を買ったのなら、豚丼にぜひ挑戦してください。豚バラと肩ロースはどちらでもおいしいので、味わいの違いを楽しんでもいいですね。

豚肉をおいしく食べるために積み重ねてきた北海道の歴史も一緒に味わっていただけたら嬉しく思います。

RECIPE

豚丼

豚肉の甘さをしっかり引き出して

おすすめのかたまり　バラ／ロース／肩ロース

材料（1人分）

豚肉（ブロック）――200g
しょうが（スライス）――2～3片
ネギ（青い部分）――1本分
調味料
　グラニュー糖――15g
A
　水――40mℓ
　酒――5mℓ
　みりん――5mℓ
　しょうゆ――25mℓ
　ハチミツ――5g
ごはん――150g

作り方

1. 鍋にたっぷりの湯を沸かし、豚肉・ネギ・しょうがを入れ、再び沸騰したら弱火にして30分ゆでる。
2. 粗熱をとり、肉の繊維を断ち切るように、厚さ5㎜ほどにスライスする。
3. フライパンにグラニュー糖と同量の水（分量外）を入れ、こげ茶色になるまで中火で加熱したら火を止める。
4. Aを入れ混ぜ合わせ、全体にとろみが出るまで中火で煮詰める。
5. タレに豚肉を入れ、からめてごはんの上にのせたら完成。

トンカツ

肉には衣を介して火が入ります。
外の衣が肉を熱から守り、さらに、
衣のおかげで肉の水分が外に出ません。

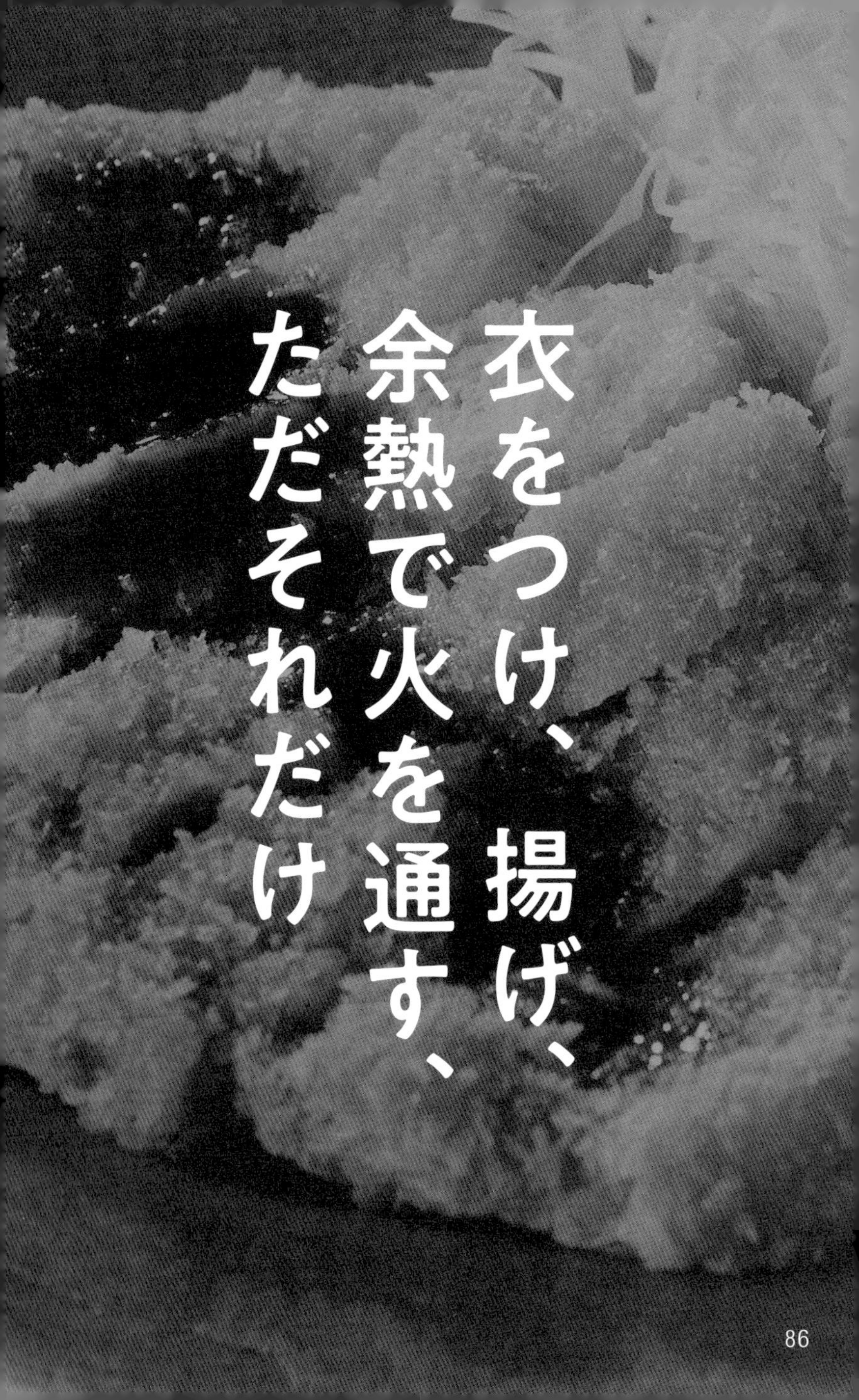
衣をつけ、揚げ、
余熱で火を通す、
ただそれだけ

トンカツ

町のいいトンカツ屋の見分け方があります。それは「注文が入ったらかたまり肉を取り出し、包丁で切り分けている」かどうかです。この工程が入るかどうかで、そのお店の肉へのこだわり、思い入れ、さらにいえば、味の良し悪しまでもわかってしまいます。

なぜそれが信頼に値するのでしょう。まずは、大きな単位で肉を仕入れることで、上質な肉を安価で提供できること。コストコもそうですが、食料品は一般的に大量に購入した方が安く仕入れられます。

そして、注文ごとに切った方が、肉が酸化しませんし、筋も縮みません。最初からカットされた肉を使っているおいしいお店も多いはずなので軽はずみなことは言えませんが、こだわりをもっている店はやはりその都度カットしているような気がします。そして私が食べたいと思うのはきっとそういう店なんです。

ということで、かたまり肉を買ったらぜひ挑戦してほしいメニューのひとつがトンカツです。スーパーに行けば「トンカツ用」と名前がついた豚肉が売られていますが、あえてかたまり肉から挑戦するところに、ロマンがあるということでご理解ください。

定番はロースですが、ヒレもいいですね。肩ロースや豚バラも悪くないでしょう。それぞれ味わいは違いますが、基本的には赤身がメインです。というのも、そもそもトンカツとは「赤身をやわらかく調理する料理」だからです。豚肉の赤身はどうしても硬くなってしまうイメージが強いと思いますが、なぜかトンカツならおいしく食べられるのか。

そのためには、トンカツを作る工程を知る必要があります。

衣をまとってこそトンカツ

最初に肉をカットしましょう。厚さは２㎝がいいですね。分厚いトンカツも人気ですが、ちょうどいい厚さというのはやはりあって、それは肉と衣のバランスだったり、切りやすさ、咀嚼回数など、長い時間をかけて調理人たちが行き着いた結果なんです。それが２㎝。

調理の前に大事なのが、筋切りという下処理です。トンカツを作る上で、発生しやすい事件第１位が、そったり、あるいは縮んだり。最悪な事態としては、衣がはがれるおそれもあります。そうなったらトンカツは台なしですよね。お店で衣がはげたトンカツを出されたらちょっとションボリ。それを予防するのが筋切りなのです。ということでどんどん切ってください。ここは時間をかけていただきます。

ハンマーなどで叩いて薄く伸ばしてから元に戻すテクニックもありますが、やはり食べ

トンカツ

た時のボリュームを大事にしたいので、私は筋を切ったあとに剣山のようなもので刺してシンプルに繊維を切ります。これくらいがちょうどいいのかなと。

肉の整形（！）が終わったら、下味は塩コショウ、次に小麦粉をふります。つけたあとははたく。薄化粧といわれますが、車のフロントガラスにほんのりと雪が積もったくらいが適量。はたくという作業は何の意味があるかといえば、粉がいっぱいついていると、のちのちトラブルの元だからです。衣がはがれてしまうんです。

小麦粉をまとわせた肉は卵にくぐらせましょう。この時も、手でつかむと、小麦粉がはがれるので、トングや菜箸、ピンセットなどでできるだけ肉にふれず作業を行いましょう。

小麦粉、卵ときて、最後にパン粉を全体につけるのですが、この時は力を入れて押し付けましょう。全力で押さえたら衣が固まってしまいますので、イメージとしては暴れる仔猫を押さえつけるくらいの強度がいいでしょう。そして10秒カウントします。衣をいい加減につけると、揚げた時に衣が落ちてしまいますから、この工程はとても大事です。

そして揚げ油の準備。これはトンカツの味を決める大きな要素の一つです。肉屋の惣菜がおいしいのは、ひとことでいえばラードを使っているからです。ラード自体に、うま味があるし、相性もいい。肉屋の軒先で売ってる、なんてことないコロッケがめちゃくちゃうまい理由はそこにあります。結論からいえば、ラードで揚げたらなんでもうまい。ごま油を使っているお店もあります。ラードやごま油で揚げるトンカツは夢がありますが、家庭では現実的ではないでしょう。

一般家庭でしたら、米油がいいと思います。味もいいし、風味にクセがない。以前は高くなかなか手が届きませんでしたが、最近は広く流通して安くなってきましたよね。温度をそこまで上げなければ、酸化しづらく、何回も使えるので経済効率から見てもおすすめできます。同じ視点だと、オリーブオイルも悪くないでしょう。

大きめの鍋に最低でも深さ5㎝まで油を入れ、160℃になるまで熱してください。油の量を質問されることが多いのですが、目安は肉全体がつかる程度。油の量が少ないと、肉を入れた瞬間に温度が下がってしまい、全体に均一に火が入らないので、ここだけは惜しまずにたっぷりと油を使ってください。

トンカツは蒸し料理である

さて、トンカツという料理のクライマックスともいえる、「揚げる」という調理にはどんな意味があるのでしょう。その前にトンカツがなぜうまいかといえば、実は「蒸し料理」だからなんです。「160℃の油の中に入れてるじゃん」というツッコミが入ったと仮定して話をどんどん進めます。

たしかに高温の油の中に入れます。しかし、肉には衣を介して火が入ります。外の衣が肉を熱から守り、さらに、衣のおかげで肉の水分が外に出ません。これが蒸し料理だとお伝えした理由です。

それゆえ、肉にじっくりと火が入るので、豚料理とは思えないほどジューシーに仕上がります。油って熱伝導率が低く、100℃のお湯をさわったら一瞬で火傷しますが、油をちょっとさわっても、そんなに熱く感じませんよね。油で揚げるという調理にしかできない火入れがあるということです。

肉を油に入れた後は極力さわらないこと。それは衣がはがれやすくなるからです。2分ほど経ち、様子が落ち着いた頃に一度ひっくり返してあげるくらいは大丈夫です。じわじわと180℃まで油の温度を上げ、衣にメイラード反応を作りカラッと仕上げます。

揚げる時間は3分半がベストですが、肉の厚さや、冷たいまま揚げると時間は変わります。冷蔵庫から肉を出して10分以上経っていれば、この時間で大丈夫でしょう。

油から上げたら、縦に置きます。これは油きりのためですね。平らに置くと、下になっている面から水分が出て、蒸れてしまいます。夏場にじっと椅子に座っているとお尻が蒸れるのと同じ原理です。そうすると、せっかく大事につけた衣のサクッと感がなくなってしまいますから。

バットで寝かせている間にも、トンカツはどんどんおいしくなる調理が進んでいます。7分休ませる理由、それは余熱で火を通したいからです。

みなさんが大きく誤解されていることがあるとしたら、揚げ物で大事なのは、揚げるよりも余熱で火を通すこと。中身に完全に火を通しきろうとしたら、あんなに素敵な食感は生まれません。

RECIPE

トンカツ

美しく輝く豚肉料理の至宝

おすすめのかたまり　ロース／ヒレ／肩ロース／バラ

材料（1人分）

豚ロース肉――1枚
パン粉――適量
卵――1個
小麦粉――適量
米油――適量

POINT

- ●火入れをコントロールしやすくするために、肉は2cm厚さにする。
- ●揚げ油は米油がオススメ。軽い仕上がりになる。
- ●筋切りをしっかりすることで、肉の収縮を少なくし、衣もはがれにくくなる。
- ●小麦粉をつけすぎない。パン粉をしっかりと押さえつける。
- ●肉の中心温度は80℃を目指し、衣は黄金色が理想。

作り方

1. 豚肉を2cm厚さにスライスして、筋を切る。さらに両面にフォークなどで穴を開ける。
2. 鍋に油を入れて、中火にかけ、160℃に温める。
3. バットに小麦粉を入れ、豚肉に小麦粉をまぶし、余計な粉をはたく。
4. バットを2つ用意して、左によく溶いた卵液、右にパン粉を入れる。
5. 3を卵液にからめたら、パン粉のバットに移し、肉が見えなくなるまで上からパン粉をかけ、10秒ほど手のひらで軽く押さえつける。
6. 160℃に熱した油に5を入れ、ここから3分半かけて油の温度が180℃になるように調整しながら火を強くしていく。
7. 180℃で30秒揚げたら、油から上げ、立ててしっかりと油をきる。3〜4分、余熱で火を入れたら完成。

［コラム］

03 余ったゆで汁はどうするか

本書の多くのレシピで「まず肉をゆでる」という調理をします。そのゆで汁、捨てるのはもったいないですよね。たしかにゆで汁には肉のうま味が出ていておいしいので、これはぜひ活用していただきたいです。

ラードを取る

ゆで汁には大量の豚の脂が溶けています。一度冷やすとこの脂が固まり、取ることができます。これが「ラード」です。炒めものや、インスタントラーメンに入れるとコクが出て一層おいしくなります。チャーハンもおすすめです。極秘なのですが、熱々ごはんにラード・しょうゆ・卵黄をかけて食べると非常に罪深い味がします。絶対にやらないでください。

保存はしっかりとラップをして冷蔵。保存期間は一週間程度です。スーパーの「牛脂」のように小分けにして冷凍してもいいかもし

れませんね。

スープにする

ゆで汁にしょうゆ・おろしにんにくorしょうがを入れると、立派な中華風スープになります。ネギを入れてもいいですね。うま味調味料を入れると、うま味の相乗効果で暴力的においしくなります。

実はこれはラーメンスープの原型です。ここから自家製ラーメンにハマっちゃうかもしれません。これにケンタッキーの骨を入れてさらに炊き込んだり、カツオと昆布で一番ダシを作ってこのスープとWスープにするとか、無限の可能性がありますね。インスタントラーメンを作るとき、お湯の代わりにゆで汁を入れたり、カレーやシチューを作る際の水の代わりに入れても非常においしくなります。

煮詰めて保存

とはいえ、冷蔵庫で保存してもせいぜい3日程度。なかなか使いきれないと思いますので余った分は冷凍がおすすめです。1カ月程度日持ちします。その際は冷凍庫を圧迫してしまうので、できれば半量～1/3まで煮詰めるといいでしょう。より濃厚なスープになります。

家二郎

糖質制限が幅をきかせるこの時代に
その料理は大きな賞賛を浴び、
羨望の眼差しを集めることは間違いありません。
二郎は人間の欲望のすべてが詰まった
食べ物なんです。

田舎の少年が憧れ続けたラーメン

家二郎

二郎系ラーメン。それは男子永遠の憧れの料理と言い切ってしまいましょう。「もはやラーメンではなく二郎という食べ物である」という有名な言葉がありますが、まさにそれにふさわしいオンリーワンの威厳を持った逸品だと思っています。

初めて二郎を食べたのは東京に出て数年目のことでしたが、実はその数年前に二郎系と出会っていました。きっかけは私がいた北海道にインスパイア系ができたことでした。それがおいしくて衝撃だったんですね。

インスパイア系とはもちろん承知の上でいただいたラーメンがこれだけうまいってどういうことだろう。北海道の広い大地から、本場の二郎はどれだけおいしいのだろうと思いを馳せるわけです。

東京に来て、憧れの三田本店に行った時の偽りない感想は、「意外とあっさりしてて上品だな」。というのも北海道にいた頃から本店の味をイメージしすぎて、どんどん想像が膨らんでいたんでしょう。初めて食べた二郎は本当においしかった。

みなさんのご想像どおりそれから都内のいろんな二郎を回る旅が始まりました。お気に入りは野猿街道でした。東京の西側がいいと一部では評判ですよね。スープの味が日によって揺れることもむしろ魅力の一つで、やはり思い出に深く刻まれています。

どこの二郎もおしなべて暴力的な見た目で、暴れん坊できれいに食べることは不可能に近い。それが魅力ではあるのですが、やはり大雑把な「男のためのラーメン」というイメージを与えています。

近年は女性のラーメン好きも増えたので、スタイリッシュなお店も多くなりましたが、ここだけは旧時代のまま残っている数少ないラーメンとも言えます。

さて、広い人気を誇る二郎ですが、三田本店は他の店とはやはり一線を画し一段高いレベルにあると思います。それは盛り付けの美しさにも表れています。スープも透明感があり、「二郎とはワイルドで野趣あふれる料理」というイメージを覆すものです。

スープのキモは豚と野菜のうまさ

今回作る二郎風ラーメンは本店をイメージしました。やはり三田にある本店と他の店舗が違うのは、レベルの高い合格点を超える二郎をオールウェイズ出してくれること（訳：味のブレがあれど毎回それぞれうまい）。きっとスープを担当する人の腕があるからでしょう。おそらく明確に決まったレシピがあるわけじゃないので、スープの出来具合を見ながら調整する力が求められるんだと思うんですね。三田本店には、調整役となる優秀な人がいるんでしょう。

二郎系は乳化系、非乳化系など細かく分かれるのですが、三田本店はちょっぴり乳化系。スープの味は基本的に豚肉の味ですね。その日によって入ってる肉の部位がバラバラだったりまちまちなのですが、それもいい意味で味の変化につながっているのでしょう。

二郎のスープ独特の香りは豚によるもので、さらにそこにキャベツを中心とした野菜、にんにく、しょうがが加わり、それらが一体となってスープを構成しているのだと、私は解釈しています。

まずは鍋に水を張ったら、豚肉のかたまりと、キャベツの芯、ネギの青い部分、にんにく、しょうがを入れて、じっくりと弱火で1〜2時間くらい炊きます。そうすることで豚肉の中までゆっくり火が通ります。ゆで豚の要領ですね。ということは硬水があればなおいいでしょう。

スープはどんどん炊くと、乳化系になります。二郎のスープは、いわゆるとんこつの味とは違いますよね。あのなんともいえない味わいのスープのキモは、やはり肉から出るうま味だと思うんです。スープは数時間火にかけるといいでしょう。

このスープはゆで豚を作った時の余った汁でもできます。ベースになるゆで豚を作ろうと思った時に、二郎のスープを作ってもいいでしょう。ダシを取った後の肉は煮豚に変身します。

タレは酒、みりんをしっかり煮切ってから、しょうゆを入れてひと煮立ちさせたら完成。このタレは最後にスープと合わせるのはもちろん、ゆでた豚の味付けにも使います。チャーシューの基本はタレで煮ることですが、多くのラーメン店では、ラーメンに使うタレと煮豚のタレは同系統の味付けになることが多いと思います。

ゆでた豚をタレで煮ます。軽く煮立ったら火を止めて最低2時間くらい放置します。こうすることでタレに豚のうま味も追加できます。このゆで豚は冷凍できます。

これでスープとタレは完成。意外とシンプルですよね。ではなぜあんなにうまいのか。それはここからさらにうま味がどんどん重なっていくからです。

スープにうま味を重ねていく

まずはアブラです。二郎のラーメンを再現するにはアブラは欠かせないでしょう。いわ

●この本をどこでお知りになりましたか?(複数回答可)

1.書店で実物を見て　2.知人にすすめられて
3.SNSで(Twitter:　Instagram:　その他　)
4.テレビで観た(番組名:　)
5.新聞広告(　新聞)　6.その他(　)

●購入された動機は何ですか?(複数回答可)

1.著者にひかれた　2.タイトルにひかれた
3.テーマに興味をもった　4.装丁・デザインにひかれた
5.その他(　)

●この本で特に良かったページはありますか?

[　]

●最近気になる人や話題はありますか?

[　]

●この本についてのご意見・ご感想をお書きください。

[　]

以上となります。ご協力ありがとうございました。

郵便はがき

お手数ですが
切手を
お貼りください

150-8482

東京都渋谷区恵比寿4-4-9
えびす大黑ビル
ワニブックス書籍編集部

お買い求めいただいた本のタイトル

本書をお買い上げいただきまして、誠にありがとうございます。
本アンケートにお答えいただけたら幸いです。
ご返信いただいた方の中から、
抽選で毎月5名様に図書カード(500円分)をプレゼントします。

ご住所　〒 TEL(　　　-　　　-　　　)	
(ふりがな) お名前	年齢 歳
ご職業	性別 男・女・無回答
いただいたご感想を、新聞広告などに匿名で使用してもよろしいですか?　(はい・いいえ)	

※ご記入いただいた「個人情報」は、許可なく他の目的で使用することはありません。
※いただいたご感想は、一部内容を改変させていただく可能性があります。

ゆる背脂と呼ばれる、ラーメンの上に降り積もる白い雪のようなものがそれです。

お店で背脂が手に入ればそれをゆでて、ホイッパーで細かくつぶします。背脂はいわゆる精肉店で購入することができます。もし背脂がない時は、豚バラの白い脂身を包丁で削ぎ落として、それをゆでれば同じようにうま味たっぷりのアブラになります。

豚の脂というのは口に入れた瞬間に溶けるようななんともいえない甘さがあります。にくづきにうまいと書いて脂とはよく言ったもので、タレの甘じょっぱさと、アブラのうま味が合わさることで、口の中でおいしいが大爆発します。

ラーメンに使用する麺は太めのものを買ってください。ラーメンという料理ではありますが、コシの強い、たとえば富士吉田うどんを使ってもおいしいと思います。ゴリゴリとしたコシが濃厚なうま味たっぷりのスープとよく合うんです。ちなみに今回は生パスタを使っています。

細麺はあまり好みではありません。理由は圧倒的な強さを持つスープに太刀打ちできないからです。麺の持つ小麦の風味を感じながら、スープと合わせて咀嚼を重ねることで、口一杯にうま味が広がり、「二郎」を食べていることを実感することができます。麺は硬めにゆでるとなおいいでしょう。

トッピングの野菜もいいですね。たくさんの野菜がのっていることで、胃の負担と心の負担が軽減されることは間違いないでしょう。刻んだ生にんにくは脂っぽさで飽きそうになった時のアクセントにもなります。

ちなみに、このレシピはもちろん正解ではありません。本物の二郎と違うところは大いにあるでしょう。ただ、あのボリュームであれだけの肉をのせてあの値段で提供できる。そこから逆算したらこれくらいの材料かなという気もします。言ってみれば豚肉のうま味の一点突破。とてもシンプルな料理ともいえるでしょう。

二郎系ラーメンの魅力は圧倒的なうまさと背徳感

昨今のラーメン界は競争過多に陥っていて、スープでいかに他店に差をつけるか、言い換えれば「スープにいかにお金をかけるのか」という時代になってきています。二郎はある意味でその流れに逆行しているのかもしれません。もちろん、たくさん作ることで、価格を抑えているのは間違いありませんが。

ただ、時代を超えて愛され、ラーメン界で名を馳せる理由は、うま味の爆発力です。初めて口にした瞬間、それまでの人生で食べてきたものと比べて桁違いのうまさを感じるからでしょう。

ＳＮＳでのインパクトも今の時代にマッチしたのかもしれません。圧倒的な量、多すぎるアブラ、デカ盛りの野菜、そしてうま味調味料。

これらすべてが懐かしく、退廃的な感じさえ与えるんです。写真をアップするだけでみんなの食欲をくすぐり、即座に男性たちのいいねの嵐。みんなが心の中にマイ二郎を持っているんです。

仕事で嫌なことがあったら、黙々と二郎風ラーメンを作るのもいいですね。

自分がいかに社会不適合者かを再確認しながら、膨大なカロリーを深夜に摂取する。糖質制限が幅をきかせるこの時代にその行為は大きな賞賛を浴び、羨望の眼差しを集めることは間違いありません。

二郎は人間の欲望のすべてが詰まった食べ物なんです。

ここまで読んだらさっそく材料を揃えて実践しましょう。料理が得意であることを自称する男性は多いけど、たいていはカレー、パスタ、チャーハンあたりが関の山。彼女を自宅に招いて二郎をふるまう様子を考えたらワクワクしませんか。只者ではないと思われるでしょうね。

二郎という食べ物は物語性にあふれています。

店舗に行った時のコールの仕方やタイミングにはじまり、圧倒的なビジュアル、そして食べたあとの満足感、店に行って行列に並んだこと、食べたことを人に言いたくなる衝動。まさに、食欲を抱えた男たちが集まるテーマパークなんです。そう、二郎はエンタメなんです。

こんな食べ物は他にないですよね。ということで、かたまり肉を買ったら是非とも挑戦していただきたいと思っています。夏休みの自由研究と同じで、挑戦し俯瞰的な目で見ることで、その魅力をさらに深く理解できることもあります。あとはラーメンに凝り出すと、光熱費がたくさんかかるので、その点は覚悟を持ってハマってくださいね。

最後に改めて。このレシピは私が舌で覚えているイメージを愛と尊敬を込めて丁寧に再現したものです。これを食べて満足することなく、実際に店に足を運んでほしいなと思っています。

ちなみに、僕の好みは「野菜、にんにく、アブラ」です。さて、明日からダイエットをしようかな。

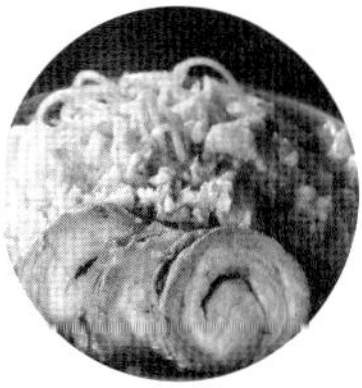

RECIPE

家二郎

見た目も味もインパクト大！

おすすめのかたまり　バラ／肩ロース

材料 (1人分)

豚肉（ブロック）――500g
スペアリブ――200g
しょうゆ――200mℓ
みりん――70mℓ
酒――50mℓ
塩・うま味調味料――適量
ネギの青い部分――1本分
にんにく――1玉と2片
しょうが（スライス）――2枚
もやし――適量
キャベツ――適量
水（できれば硬度200-300の硬水）
生パスタ（リングイネ）――200g

作り方

1 豚肉の脂身部分を切り取ったら、残った豚肉の赤身を丸く巻き、タコ糸できつく縛る。

2 鍋に脂身・巻いた赤身・ネギの青い部分・しょうが・切れ目を入れたにんにく1玉・キャベツの芯を入れ、キャベツの葉でフタをする。食材が浸るくらいの水を入れ、火にかけ、沸騰したら弱火にし、1時間煮込む。

3 酒・みりんを別の鍋に入れて火にかけ、アルコールが飛んだらしょうゆを入れひと煮立ちさせる。

4 鍋から巻いた赤身を取り出し、フリーザーバックに巻いた赤身とタレを入れ、空気を抜き、冷蔵庫で2～3時間寝かせる。

5 キャベツをざく切り、にんにく2片をみじん切りにする。ゆでた脂身を、泡立て器などを使って崩す。

6 ③のタレ1に対して煮汁4～5で割り、塩とうま味調味料で味を調整してスープを作る。

7 生パスタは指定の時間ゆで、キャベツ・もやしは30秒～1分ゆでる。丼にスープを入れ、麺・野菜・チャーシュー・アブラ・にんにくを盛り付けて完成。

プルドポーク

スモーカーに入れてほったらかし。
大雑把かつワイルドな料理です。

肉を裂く。そのライブ感を大事に

プルドポーク

かたまり肉でしかできない料理があります。それがプルドポークです。なんだかプロレス技のような響き、スパイシーな香り。全身から北米大陸の香りを漂わせています。

プルド＝引き裂く。料理名が調理法に由来する料理は数あれど、「引き裂く」という動きを名前に持つ料理は、なんとワイルドで魅力的なんでしょう。肉を引き裂く。その豪快さはまさにアメリカ発。さあ、どう引き裂くのか。

その前に、料理の簡単な歴史から。プルドポークは、バーベキューの起源であるアメリカはノースカロライナ州の発祥だそうです。歴史を紐解けば、17世紀頃から作られた記録が残っていて、意外と古くからある料理だとわかりました。最近では流行の兆しを見せていて、専門店もできたのだとか。専門店があるくらいですから、とても手間がかかりますが、時間をじっくりかければおいしくなるとても作りがいのある料理ともいえます。

工程はとてもシンプルです。肉を漬け込んで焼く。ただそれだけです。

この調理法だけを取り上げれば、スペアリブと大差はありません。違うのは、「裂く」という工程と、その後のいただき方。

パンにはさんで食べることが多く、肉がメインだけど、惣菜的な扱いになるのが面白いと思います。

火入れの温度はあまり重要ではない

本場の作り方は、スモーカーで作るそうです。10時間かけて、火を入れながら燻製するのだとか。約120℃で火入れするので、しっかりと熱を通しながら燻製の香りをまぶす。その際、配置の仕方で熱の入り方が変わることもあり、その配置にも経験が問われるそうです。

スモーカーとは燻製器のことですが、一般家庭にはなかなかありませんから、スモーカーに近い状況を作り出すにはオーブンがいいでしょう。

10時間をかける意味とはなんでしょう。そんなにかける意味あるの？　あるんです。脂をしっかりと落とす。コラーゲンをゼラチンに変性させる。肉の組織を破壊する。漏れなく火入れして繊維をほぐす。時間をかけただけおいしくなるといっていいでしょう。おいしくするためだったらいくらでも待てる。かたまり肉を買うあなたはきっと私と同じタイプです。

使う部位は、肩ロース一択です。

プルドポーク

オーブンで脂を落とすので、全体にサシが入っていた方がいいでしょう。最終的にソースとあえるので、すこしくらいパサパサしてもいい、それくらいのアバウトさがこの料理には求められます。なんといっても何時間も火入れをするわけですから、デリケートな温度設定はあまり重要ではありません。

この料理のキモは引き裂くこと。でも、硬いかたまり肉は簡単には引き裂けない。だから、長時間火を入れることでやわらかくします。それじゃないと引き裂けない。そこまでして引き裂きたいんです。スモーカーに入れてほったらかしたままだし、大雑把かつワイルドな料理です。

下処理の段階で肉にまぶすのはドライラブと呼ばれるミックススパイスです。「ドライラブ」は、直訳すれば「乾かしてこする」。まさにお肉にしっかりとこすりつけて調味する、アメリカ生まれらしい味がしっかりとしたミックススパイスです。

余談ですが、ドライラブを自作するのは大して難しくはありませんが、仕上がりを期待するなら市販のバーベキュースパイスを使いましょう。「ジャークチキン」のシーズニングや、流行りの『ほりにし』などの市販スパイスは当たり前ですがおいしい。「全部手作りしてこそ手作り料理」というこだわりも素敵ですが、プロが作った市販品にお金を払うことで、仕上がりは格段によくなりますし、味もはっきりと決まります。個人的には「アウトソーシング」はおいしい料理の基本だと思います。このあたりは、いい意味での諦めを持つことも大事です。ただ、市販の調味料はこだわり始めると楽しくなって、ついつい買いすぎてしまうのですが、キッチンを散らかして奥さんに怒られないよう注意してください。

スパイスをすり込んだらじっくりと寝かせる

さて、スパイスをすり込む肉のブロックにでかい脂身がついていたら、まずはそれを包丁で切り取りましょう。脂身は味がしみにくいですし、最終的に裂きにくいので。切り取った脂身はラードなどに活用するか、仕上がったプルドポークがパサついているようだったら、かけまわしたりといった使い方もできます。元は同じブロック肉ですから味に違和感はありません。

スパイスをすり込んだら、じっくりと寝かせましょう。最低でも一晩寝かせることで、塩分で身が締めると同時に、肉にぎゅっと味が染み込みます。

翌日になったら肉から出たドリップをしっかり拭きとり、さらにもう一度スパイスをまぶして火入れ開始です。8～10時間。焼き上がりがわかりづらいのですが、時間をかけてじっくりと熱を入れるので、焼きが足りないという事態にはならないでしょう。逆に温度が高すぎると焦げてバサバサになっていくので、それだけは避けたいところです。

それもあって、熱の温度調整なんかを細やかに行う気がない本場の作り方は、火入れの途中で定期的にビネガーを霧吹きで吹きかけるそうです。お酢ですから肉がやわらかくなり、さらにしっとりさを追加する目的があるのでしょう。とにかくパサパサになりすぎないように気をつける。8時間という時間はとにかく長いので、気がついたらやるようにしましょう。

できるだけ細く小さくほぐすこと

オーブンから取り出したら、肉のかたまりを裂きます。この料理で最大のクライマックスです。この作業はウルヴァリンの鋭い爪があればあっという間に終わるのでしょうが、多くのご家庭ではお持ちでないでしょう。それでも、フォークを2本使えば簡単に裂けます。そのために時間をかけてやわらかくしたんですよね。

軽くフォークを刺して、スーッと引く。あらあら、面白いように肉がほぐれます。できるだけ細くした方が味が均一になります。

裂いた肉はそれ単体でももちろんおいしいのですが、バーベキューソースなどに合わせます。これをタコスにしたり、バンズにコールスローとチーズと一緒にはさんでバーガーにしてもいいですね。カップ焼きそばにのせてもいいですし、ごはんにのせて、卵と一緒に燻製しょうゆをひとまわしかけたら、ごはんは秒でなくなります。いや、10秒です。

本来はスモーカーでやるので燻製香りがつくのですが、オーブンで行う場合は、スモーキーな調味料を合わせるといいですね。燻製しょうゆや燻製オイル、燻製塩を使うのもいいですね。

それぞれのご家庭の環境を考えると、オーブンで作って、あとから燻製の風味をまとわせるのが現実的かなと思いました。時間はかかりますが、バーベキュー、パーティーで提供すると大いに盛り上がります。その際は、出来上がりをオーブンから取り出して、目の前で裂くところを披露すると盛り上がりますよ。これぞまさに、ライブクッキング。プルドポークはエンターテインメントです。

RECIPE

プルドポーク

バーベキューで喜ばれる
アメリカ生まれのすごいやつ

おすすめのかたまり　肩ロース

材料（作りやすい分量）

豚肉——800g
バーベキュースパイス——適量

POINT

●燻製の香りをつける場合は、5の工程のあとに、燻製鍋に入れ、弱火で1時間程度燻す。鍋内100℃前後が理想。

作り方

1 肉の脂身を切り取り、フォークなどで全体に穴をあける。
2 スパイスを全体にしっかりとすりこむ。ラップをしたら、冷蔵庫で一晩寝かせる。
3 冷蔵庫から出したらドリップをふき、再度スパイスをすりこむ。
4 天板に網を乗せ、その上に肉を乗せ、120℃に予熱したオーブンで8時間焼く。
5 オーブンから出したら、アルミホイルで包み、オーブン温度を140℃まで上げて、さらに1時間焼く。
6 5を、フォークやプルドポーク用の爪で細かくほぐして完成。

04 他のかたまり肉も買ってみよう

ここまで大量の豚かたまり肉を使ってきました。そろそろ他の肉も気になってきていることと思います。本書が好評でしたら、他のかたまり肉もひとつずつやっつけていきたいところですので、触り程度に紹介していきましょう。

牛肉

牛肉のかたまり肉といえば、「ローストビーフ」です。パーティーには欠かせない料理のひとつですよね。ローストビーフだけで一冊の本が作れてしまうくらいに奥が深く、調理法や味付けもさまざまです。さらに、とんでもない厚さのステーキを作ってみるのもいいですね。

他には伝統的なフランス料理でありビーフシチューの元となった「赤ワイン煮込み」や余った肉は「コンビーフ」にすることもできます。そしてぜひとも「コンソメ」に挑戦してみるのもいいでしょう。洋食の味のベースにふれるこ

とができます。さらに、ブラジルでは「シュラスコ」というワイルドな料理があり、こちらも非常に魅力的です。

鶏肉

鶏のかたまり肉は「丸鶏」ですね。一羽丸々から料理を作ることができれば、かなり料理上手だと思われるのではないでしょうか。

まずは「ローストチキン」をやってみたいですよね。クリスマスにヒーローになれること間違いなしです。さらに、味付け・乾燥を繰り返した後に油をかけて調理する「北京ダック」風も挑戦してみたいですね。そして、韓国料理の「参鶏湯（サムゲタン）」も外せません。本場のごとく薬膳で滋味深い味わいにしても良いですし、香味野菜と塩で食べやすくしたものもそれはそれで良いと思います。

骨付きの肉は筋も縮まず、うま味も逃げにくいので単純な「サラダチキン」を作っても抜群においしいです。

ジビエ（鹿・猪・鴨・鳩など）

豚・牛・鶏が調理できるようになれば、行き着くのは野生動物です。家畜にはない野性味や個体差があり、それをコントロールできたときの達成感はとても大きいですし、プロですらジビエに触れたことがない人のほうが多いですから、周囲からの評価も変わります（褒められるかドン引きされるかのどちらかです）。

私は料理の学校にも通わず、飲食店で修業もせずにプロになり、何の強みもなかったので勉強して「エゾシカ肉料理のスペシャリストです」と名乗っていました（笑）。

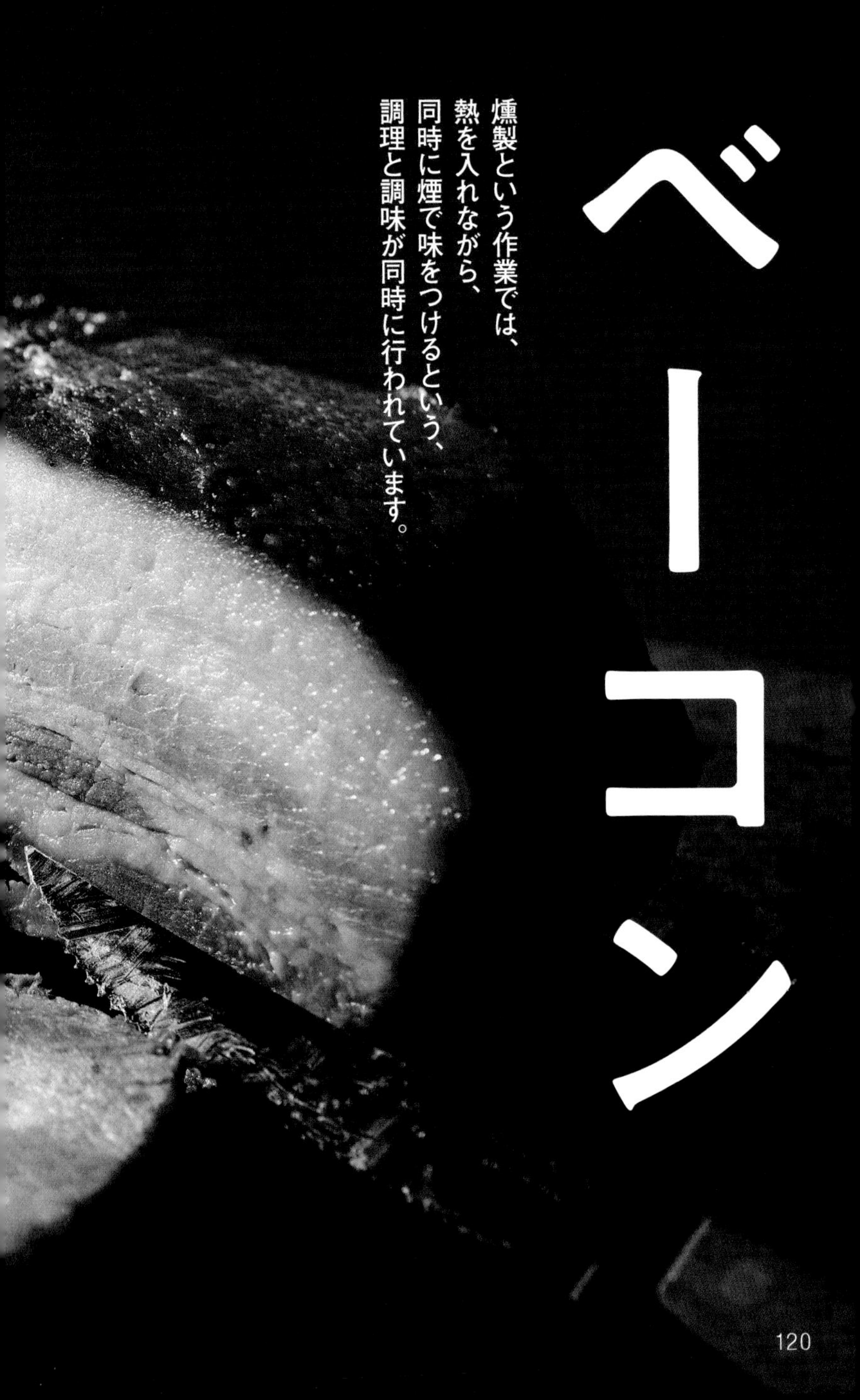

ベーコン

燻製という作業では、
熱を入れながら、
同時に煙で味をつけるという、
調理と調味が同時に行われています。

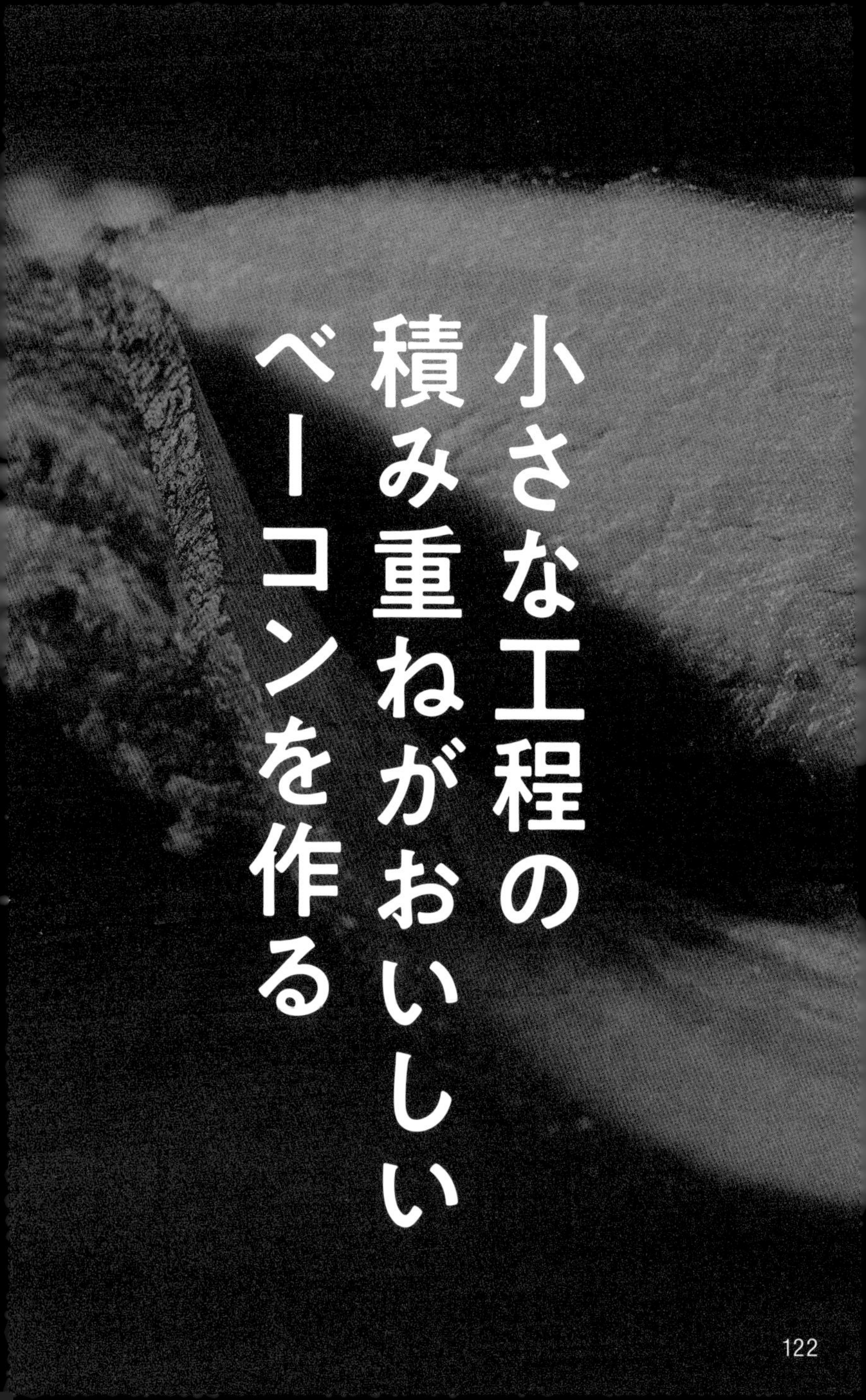

小さな工程の積み重ねがおいしいベーコンを作る

ベーコン

ベーコンほどハードルが高い料理はありません。自宅で作るには、とても手間がかかる。しかし、スーパーに行けば、手頃な値段で売っている。一度は挑戦しようとしたけど、結局断念したという人も多いでしょう。それがベーコンです。

一番難しく感じさせているのが、燻製という工程です。燻製鍋を買うというハードルは意外と高いそうで、この段階でかなりの方が挫折してしまうとか。

さらに、下味をつけたものを、寝かせて、さらに火入れをしながら、香りをつける、という工程の多さもまたスーパーの加工肉コーナーに足を向かせる一因です。

しかし、男（もちろん女も）はなぜベーコンを作ろうとするのか。それはロマンがあるから。ロマンティックだけでなく、おいしいベーコンは手が止まらなくなるからです。

自分で作ったベーコンのうまさは、言葉にできません。

ベーコンは手作りした方がうまい。これはこの本に載っているどの料理より、それを実感できると思います。手作りしたらうまいものができるのがわかっているのに、手を出さないのは、手間がかかるから。私が声を大にして言いたいのは、時間をかけないベーコンは作る意味がないということです。ベーコンを作る人は、手間を惜しむな。

この本を購入して、ここまで読み進めた奇特な人は、時間と手間をかけることを惜しまない人だと信じています。そのおいしさは本当に格別。まさにかたまり肉調理の真骨頂であると断言できます。

あまりにもおいしすぎたベーコン

ベーコンはなんだかぜいたく感がある食べ物ですが、ルーツは保存食にあります。塩漬けにする、燻製する。まさに保存食の2大工程を経て完成します。

紀元前に海賊が塩漬け肉を間違えて燻してしまったところ、味は良くなるし、日持ちがすることを発見したといわれています。大発見は瞬く間に広まったことでしょう。なぜなら通常の塩漬け肉に比べて、味わいがよくなっていたからです。人間はやはりおいしい食べ物に関しては貪欲に吸収しようとします。食糧事情が貧弱だった昔だったらなおのこと。初めて口にした昔の人は大いに驚き、すぐさま再現しようとしたに違いありません。

ベーコンの始まりは保存食でしたが、あまりにもおいしすぎるために、さまざまな豪華な食事に使われるようになりました。

現代でも多くの料理に使われていますが、私たちが馴染みがあるのはお手頃な値段なものがほとんど。実はベーコンは値段にもかなり幅がある食材で、高いものは国産和牛の霜降りを使った100g1万円のものがありますし、お手頃なものだったら数百円で買えます。もちろん値段に比して味は格別においしいのですが、やはり私たちが知っているベーコンとはなんだか違った食べ物にも思えるわけです。

ということで、今回は普段から慣れ親しんでいるベーコンの中で最上を目指します。

ベーコンの醍醐味、それは育成です。ドラクエだったら敵と戦ってレベルを上げて、どんどん強い敵を倒せるようになるのですが、ベーコンはまさに、どんどんスキルを上げて最高にうまい肉を完成させることに目的があります。ゲームと違ってゴールがないのが難しいところではありますが。

かたまり肉を買った瞬間に想像してください。

「こいつをベーコンにしてやろう」

そう思った瞬間が育成ゲームのスタートです。肉はどんな種類でしょう。一般的に赤身が多い方がいい肉とされていますが、ベーコンを作る場合は脂身が多めでも問題ありません。スーパーで買う時も安いスーパーで買って脂身だらけの豚肉で作ったベーコンが意外に絶品だったりするわけなので、豚バラのかたまり肉を購入したら、脂が多くある箇所をカットしてベーコンを作りましょう。

イタリアンのお店でカルボナーラなどを食べた時に、おいしいと感じるのは、もちろんさまざまな要素がからみ合っているのですが、なかでもベーコンから出る脂がうま味と味の深さを演出していることはみなさんに覚えておいていただきたいです。

ベーコンにとって一番大事なのは脂です。ベーコンを使って調理をすると、豚から出る脂がソースに深みを与えます。これは本当に料理の土台となる味わいとなるので、ベーコンが料理に入るか入らないかで仕上がりに本当に大きな差がでます。ベーコンは調味料であると言ってもいいでしょう。

実用性よりもおいしさを大事に

さて、実際にベーコンを作り始めます。最初に肉を、酒に漬けます。丸一日つけた方が、肉に味が入りやすくなります。ジンに漬けたら酒の持つスッキリとした風味をまとわせることができます。最低でも2時間はそのままおいておきます。

次に、ピックル液という調味液に漬けて下味をつけます。これは塩、砂糖、ハーブ、とスパイスを煮立てて冷ましたもので、これに漬けたまま1日おきましょう。

次の日には調味液から取り出して、乾燥させうま味を凝縮させます。私はいつも冷蔵庫で乾燥させますが、最低でも1日は冷蔵庫に入れておいてください。水分が残っていると、燻製香がつきづらくなりますし、さらに苦味の原因にもなりますので。

最初に肉を用意してから3日が経ちました。ようやく燻製を始めるわけですが、「塩抜き」という工程は必要ありません。その昔は、保存食としての実用性を高めるために塩分を強めにしていたので、食べるためには塩抜きが必要でしたが、このベーコンは保存を目的としていませんので（おいしいから作っています）、最初のピックル液もちょうどいい塩分濃度にしています。

そして燻製。燻製器をお持ちの方は、しっかりと温度管理をしてください。燻製に使うのはチップでもウッドでもいいでしょう。庫内の温度が90℃になるように注意して、2時間程度火にかけます。温度計は必須かもしれません。そして、この2時間で、煙が肉をおいしくしてくれます。

燻製という作業では、熱を入れながら、同時に煙で味をつけるという、調理と調味が同時に行われています。密閉性に課題は残りますが、中華鍋に大きなボウルをかぶせても燻製はできます。燻製する際に、チップと一緒にザラメを入れると色味がきれいに出ます。粘度のおかげで煙がしっかりと定着するのかもしれません。

時間が経ったら、肉を取り出し、そのまま冷まします。この美しい色、茶色の照りと輝き。このままガブリといきたいところですが、半日以上そのままおいて、煙が肉としっかり馴染んでからいただくのがいいでしょう。もちろん出来立てをそのまま口に運んでもオーケー。自家製ベーコンの持つ強烈なスモーキーさを口一杯に楽しむことができます。

燻製の失敗の原因はだいたい2つです。一つは温度管理。燻製の最中に庫内の温度が上がりすぎるとパサパサになってしまいます。もう一つは乾燥が甘いこと。水分が残っていると煙と合わさりえぐみなどの原因になりますので気をつけて。

時間はかかりますが、一度作ろうと決心してしまえば、難しい工程はありませんから、肉のカット、ソミュール液の配合、チップの種類、燻製時間、燻製温度に注意して、味の変化を楽しんでください。

豚肉のうま味、脂のコク、燻製の香りが三位一体となったベーコンは、まさに男（女）のロマンと言えるでしょう。

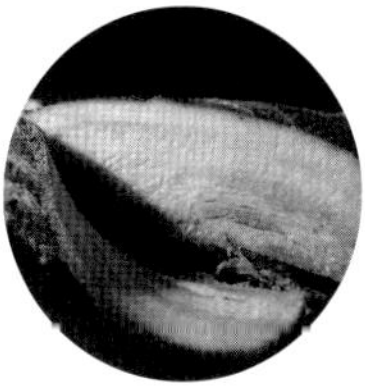

RECIPE

ベーコン

男のロマンそのもの

おすすめのかたまり　バラ／ロース／肩

材料（作りやすい分量）

豚バラ肉――1kg
ジン――50mℓ
スモークチップ――適量
ピートスモークパウダー（いぶし処）
――適量

ピックル液
水――500mℓ
塩――80g
三温糖――40g
八角――1片
クローブ――10粒
ブラックペッパー――大さじ1
ローリエ――2～3枚

作り方

1 豚肉にフォークなどで全体的に穴を開ける。

2 肉とジンをポリ袋に入れ、軽く揉み込んで空気を抜き、冷蔵庫で1～2時間おく。

3 ピックル液の材料を鍋に入れ中火にかけ、沸騰したら弱火にして15分間煮て冷ます。

4 2のポリ袋からジンだけを捨て、そこにピックル液を入れ空気を抜き、冷蔵庫で一晩おく。

5 肉を取り出して、全体の水分を拭きとり、網に乗せたら、冷蔵庫に入れ風が当たりやすい場所で一晩乾燥させる。

6 燻製鍋にチップ、ピートスモークパウダーを入れ、網に肉をのせて中火で燻製する。煙が出てきたら弱火にし、鍋の中が90℃前後の状態で2時間半加熱したら完成。完成後にラップをして冷蔵庫で寝かせると、より燻製の風味が馴染む。

豚かたまり肉活用レシピ

かたまり肉を使えば、普段の豚肉料理がさらにおいしく進化を遂げることができます。

雲白肉《ウンパイロー》

四川料理の定番おつまみ

RECIPE

材料 (作りやすい分量)

豚バラ肉（ブロック）――300g
きゅうり――1/2本
しょうゆダレ
　しょうゆ――20g
　砂糖――5g
　おろしにんにく――2g
ラー油――適量

作り方

1 深めの鍋に水（分量外）と豚肉を入れ、強火にかける。

2 沸騰する直前、水蒸気の泡が立ちはじめたら、弱火にして40分ゆでる。

3 しょうゆと砂糖を混ぜ合わせ、砂糖をしっかりと溶かしたらおろしにんにくを入れ、よく混ぜる。

4 鍋から取り出し粗熱がとれたら、水けをふいて肉を食べやすい厚さにカットし、皿に盛り付ける。

5 きゅうりをピーラーで薄くスライスして肉の上に盛り付け、3、お好みでラー油を全体にかけたら完成。

POINT

◉もしあれば、皮付きの豚バラ肉を作ると食感がよい

◉ポン酢で豚しゃぶ風に食べてもおいしい

回鍋肉《ホイコーロー》
「大きく混ぜ合わせる」のがコツ

RECIPE

材料（2人分）

豚ロース肉（ブロック）——120g
豚バラ肉（ブロック）—— 150g
ネギの青い部分——1本分
しょうがスライス ——1片
ネギ（みじん切り）——15g
キャベツ（一口大）——150g
ピーマン（三角に切る）——2個
A
- にんにく（みじん切り）——5g
- しょうが（みじん切り）——5g
- 豆板醤——小さじ1
- 豆豉（みじん切り）——3g

B 混合調味料
- しょうゆ——15mℓ
- 砂糖——5g
- コショウ——少々
- 紹興酒——15mℓ（日本酒でも可）

甜麺醤——大さじ1と 1/2
ラー油——大さじ1
ごま油——小さじ1
サラダ油——適量 ※炒める時に使う分

作り方

1 深めの鍋にたっぷりの湯を沸かして豚肉・青ネギ・しょうがを入れ、再沸騰したらポコポコ泡が出る程度の弱火（90℃くらい）にして30分煮る。

2 1から豚肉を取り出し粗熱をとったら、キッチンペーパーで水分をとり、繊維を断ち切るように3〜5mm幅の薄切りにする。

3 中華鍋を強火にかけ煙が出る直前まで熱し、多めの油を全体になじませてキャベツとピーマンを炒める。火が通ったら、油を切っていったん別の容器に取り出す。

4 再び中華鍋を強火で熱し、肉を1枚ずつ並べて両面に焼き色をつける。

5 余分な油をキッチンペーパーで吸い取り、Aを入れて香りが出るまで炒める。

6 全体を混ぜ合わせ、さらに3を入れて再び大きく混ぜ合わせる。

7 Bの混合調味料を入れ、さらに甜麺醤、次にネギ、ラー油、ごま油を入れて、大きく混ぜ合わせたら完成。

POINT

◉かたまり肉を一旦ゆでてから薄切りにして焼くのが『回鍋（フェイグオ）』という技法。

◉野菜は一旦油通しをし、その後調味料と肉を入れて混ぜ合わせる。

◉豆板醤とラー油でしっかり辛めに仕上げる。

青椒肉絲《チンジャオロース》

口に残るとろみとうま味

RECIPE

材料　(2人分)

豚もも肉（ブロック）――120g
ピーマン――5個（250g）
パプリカ――1/2個（50g）
たけのこ水煮――50g
ネギ（みじん切り）――小さじ1
にんにく――2片
調味料
- しょうゆ――15mℓ
- 紹興酒――15mℓ
- オイスターソース――15mℓ
- 砂糖――3g
- 水溶き片栗粉――小さじ1

塩――少々
コショウ――少々
紹興酒――少々
溶き卵――1/2個分
片栗粉――小さじ1
サラダ油――15mℓ

作り方

1. 豚肉は繊維と平行に細切りにしてボウルに入れ、塩コショウ・紹興酒をまぶして揉み込み下味を付けたら、さらに溶き卵を揉み込んで肉に吸わせる。
2. 1の全体に片栗粉をまぶして軽く揉み、油を加えてさらに混ぜる。
3. ピーマンは半分に切り、ワタを取って、肉と同じ幅に細切りする。パプリカも同じように細切りにする。
4. たけのこは内側のヒダは切り取り、繊維に沿って細切りする。
5. 多めの油（分量外）を入れた中華鍋を中火で熱し、2を入れ、7割ほど火を通し、油をしっかりきっていったん取り出す。
6. 再び中華鍋を中火で熱し、油をなじませたらピーマンとパプリカを入れ、軽く火を通す。油をしっかりきってあげておく。
7. きれいにした中華鍋を中火で熱し、少量の油（分量外）でにんにく、白ネギを炒め、香りが出たら強火にし、5、6、たけのこを入れ全体を混ぜ合わせる。鍋肌から調味液を入れて大きく混ぜ合わせ、肉に火が通れば完成。

POINT

●豚ブロック肉を使うのは、繊維と平行に切るため。肉を垂直に切ると炒めている最中にバラバラになる。

●卵を肉に揉み込むことで保水力を高め、やわらかくジューシーに仕上がる。

豚肉シチュー

ある意味ビーフよりうまい

RECIPE

材料 (4人分)

豚すね肉（ブロック）——500g
きのこ類——お好みで。今回はマッシュルーム7個
玉ねぎ——中1個（160g）
にんじん——中1本（80g）
トマト缶——200g
デミグラスソース缶——150g
ウスターソース——10mℓ
しょうゆ——20mℓ
みりん——20mℓ
オイスターソース——20g
黒砂糖——10g
ローリエ——3枚
水——200mℓ
黒ビール——200mℓ
赤ワイン——200mℓ
塩コショウ——適量

作り方

1 一口大に切った豚肉に小麦粉（分量外）をまぶし、中火で熱した鍋に入れ、表面に焦げ目がつくまで焼く。

2 1に水・黒ビール・赤ワイン・ローリエを入れ、沸騰したらアクを取って弱火にし、鍋に半分くらい蓋をして30分煮込む。

3 ローリエを取り出し、食べやすい大きさにカットした玉ねぎ、にんじん、きのこ、その他の材料もすべて入れる。

4 底が焦げ付かないように時々かき混ぜながら、鍋に半分ほど蓋をして、肉がやわらかくなるまで50分ほど煮込む。煮汁が減ったら水を足す。

5 肉がやわらかくなり、煮汁に照りが出てきたら、最後に塩コショウで味を整えて完成。

POINT

◉肉はすねや肩・テールなどコラーゲンの多い部位を。

◉黒ビールの『苦味』が口の中に味わいを残し、黒砂糖とオイスターソースが深みを生む。

◉ウスターソースのおすすめは『リーペリンソース』。スパイス感と深みが違う。

豚汁
甘酒がいい仕事してます

RECIPE

材料 (1人分)

豚肉（好きな部位の切れ端）――200g
白みそ――130g
糀甘酒――200mℓ
水――1ℓ
ごま油――少々
野菜
・ごぼう――1本
・にんじん――1本
・大根――1/4本
・さつまいも――1本
こんにゃく――1丁
ネギ――1本
しょうが――10g

作り方

1 豚肉にみそ30g、甘酒30mℓを揉み込み、10分ほどおく。野菜は食べやすい大きさにカットしておく。

2 大きめの鍋にごま油をひき、中火にかける。

3 2にごぼうを入れ、全体に油が行き渡ったら、表面に焼き目をつける。ごぼうが乾いてきたら、1、残りの野菜、こんにゃくを入れて炒める。

4 水を加え、具材がやわらかくなるまで20分ほど中火で煮る。

5 残りのみそを溶かして、残った甘酒も入れる。軽く混ぜたら刻んだネギと、すりおろしたしょうがを入れる。

6 弱火で10分ほど煮込んだら完成。

POINT

◉具材の種類・分量は自由だが、みそと甘酒の比率が重要。

◉長時間煮すぎると、さつまいもが溶けたり、肉が硬くなるので注意。
『ごぼうに焼き色をつける』『豚肉に火を入れすぎない』『しょうがで味を引き締める』で店レベルの豚汁に仕上げる。

ポークビンダルー

酸味と辛味がマッチするインド風カレー

RECIPE

材料（4人分）

豚バラ肉（ブロック）——500g
〈マリネ液〉
（スパイスはミルでパウダーにする）
- クミン——2g
- シナモン——2g
- マスタードシード——2g
- カルダモン——1g
- ブラックペッパー——1g
- クローブ——0.5g
- 八角——0.5g
- カシューナッツ——30g

チリパウダー——3g
パプリカパウダー——8g
おろしにんにく——20g
おろししょうが——20g
タマリンドペースト——20g
バルサミコ酢——25mℓ
塩——6g
〈ソース〉
- サラダ油——50g
- 玉ねぎ（みじん切り）——300g
- 塩——9g
- トマトペースト——30g
- 砂糖——5g
- しょうゆ——20mℓ
- 水——400mℓ

ブラックペッパー——適量
ピンクペッパー——適量
山椒——適量
ごはん——適量

作り方

1 豚肉を約30gずつの大きさにカットする。

2 マリネ液の材料をすべて混ぜて、豚肉にマリネし、ラップをかけて冷蔵庫で2時間おく。

3 サラダ油を入れた鍋を強火にかけ、玉ねぎと塩を入れ、軽く焼き色がつくまで炒める。

4 3に豚肉を加え、軽く焼き色がつくまで炒める。

5 トマトペースト、砂糖、しょうゆ、水を入れ、沸騰したら蓋をして、弱火にして40分煮る。ごはんと一緒に器に盛りつけ、仕上げにブラックペッパー、ピンクペッパーや山椒をふりかけたら完成。

ポークチョップ

オトナのごちそうをどうぞ

RECIPE

材料 (2人分)

ポークチョップ（骨付き豚ロース肉）――300g
パイナップル――100g
塩――適量
ブラックペッパー――適量
カイエンペッパー（または一味唐辛子）――適量
調味料
ディジョンマスタード――15mℓ
ハチミツ――20mℓ
メープルシロップ――5mℓ
シナモン――ひと振り
クローブパウダー――ひと振り
サラダ油――小さじ1

作り方

1 豚肉の筋を切り、全体に細かく切り目を入れる。パイナップルを刻み、肉全体によく揉み込んで常温で20分おく。

2 肉からパイナップルを拭き取ったら、塩、ブラックペッパー、カイエンペッパーをしっかりとすり込む。

3 油をひいたフライパンを強火で熱し、焦げ目がつくまで両面を焼く。

4 調味料を混ぜて肉に塗り、190℃に予熱したオーブンで10分焼く。

5 肉を取り出して10分休ませたら完成。

豚肉じゃが

牛とはひと味違ったおいしさ

RECIPE

材料（2人分）

豚肉（好きな部位の切れ端）――150g
じゃがいも――2個（300g）
玉ねぎ――1/2個（80g）
にんじん――1本（150g）
いんげん――5本（40g）
しらたき――60g
調味料
- 水――70mℓ
- しょうゆ――40mℓ
- 酒――40mℓ
- 砂糖――30g

サラダ油――大さじ1

作り方

1. 野菜としらたきを食べやすい大きさにカットする。
2. フライパンに油をひいて中火にかけ、肉を軽く炒めて、取り出す。
3. 同じ鍋に野菜としらたき、少量の塩（分量外）を入れ、中火で炒める。
4. 玉ねぎがしんなりしたら、いったん火をとめ、肉、調味料をすべて加え、落としぶたをしてじゃがいもに箸が通るくらいやわらかくなるまで、5〜10分煮込む。
5. 強火にして、煮汁が半量になるまで煮詰め、具材とからめたら完成。

POINT

◉肉に焼き目をつけたあと一旦出しておく。

◉じゃがいもは低温から徐々に火を入れる。じゃがいもとにんじんは気持ち小さめに、大きさを合わせて切る。

魯肉飯《ルーローハン》

本場の味を完全再現！

RECIPE

材料 (4人分)

豚バラ肉（できれば皮つきブロック）――300g
にんにく――3g
しょうが――3g
玉ねぎ――150g
八角――2片
シナモン――2本
調味料
- オイスターソース――15g
- しょうゆ――60mℓ
- 酒――100mℓ
- コーラ――350mℓ

ごま油――20mℓ
サラダ油――20mℓ

作り方

1 豚肉を小さな棒状にカットする。玉ねぎ、にんにく、しょうがはみじん切りにする。

2 フライパンにごま油・サラダ油を入れ中火にかけ、玉ねぎ、八角、シナモンを炒める。

3 玉ねぎが飴色になったら、にんにくとしょうがを加えてさらに炒める。

4 にんにく・しょうがの香りが立ってきたら、すべての食材を一度フライパンから取り出す。

5 4のフライパンで豚肉を炒める。焼き目がついてきたら、4を戻し入れ、調味料を入れて1時間ほど煮詰めたら完成。

POINT

◉豚バラ肉は皮付きのブロック肉を使うと、皮のコラーゲンでタレにとろみが出る。

◉コーラのカラメル感・スパイス感・甘味で本場台湾の魯肉飯の味に。

ローストポーク

おうち晩酌のおともに

RECIPE

材料（作りやすい分量）

豚肩ロース肉（ブロック）――500g
ハーブソルト――10g
ブラックペッパー――3g（小さじ2）

作り方

1 豚肉にハーブソルト・ブラックペッパーをまんべんなく揉み込む。ポリ袋に入れ、空気を抜いて口を閉じ、冷蔵庫で2時間ほどおく。

2 180℃に予熱したオーブンで、1を40分焼く。

3 2を取り出して20分休ませる。

4 230℃に予熱したオーブンで3を20分焼く。

5 取り出して20分休ませたら完成。

ポークチャップ

子供もオトナも大好き!

RECIPE

材料 (1人分)

豚ロース肉(ブロック)——80g
玉ねぎ——1/4個(40g)
ピーマン——1個(50g)
ケチャップ——30g
みりん——大さじ1と1/2
しょうゆ——大さじ1
マヨネーズ——5g
サラダ油——大さじ1
ブラックペッパー——適量

作り方

1 豚肉を1㎝厚さに切る。筋を切るようにカットする。野菜は食べやすい大きさにカットする。

2 サラダ油をひいたフライパンを強火にかけ、玉ねぎとピーマンを軽く炒める。

3 2に肉を入れ、片面に焼き色がつくまで焼き、裏返したら、野菜の上にのせる。

4 中火に落とし、空いたところにケチャップ半量とみりん、しょうゆを入れ、水分を飛ばすように炒め、肉と野菜をからめる。

5 残りのケチャップと、マヨネーズを入れて再び炒める。

6 皿に盛り付け、ブラックペッパーをふったら完成。

酢豚

本格中華をおうちで堪能

RECIPE

材料 (2人分)

豚肩ロース肉（ブロック）――200g
玉ねぎ――1/4個（50g）
ピーマン――2個（50g）
にんじん――1/3本（50g）
調味料
- 酢――30mℓ
- 砂糖――25g
- しょうゆ――20mℓ
- ケチャップ――25g
- 水――30mℓ
- 鶏ガラスープの素――5g

片栗粉――適量
ごま油――大さじ1
塩コショウ――適量
サラダ油――適量

作り方

1 調味料の材料をすべて混ぜ合わせる。野菜を一口大にカットする。

2 肉を一口大にカットし、鹿の子状の細かい切り込み（隠し包丁）を入れる

3 2に塩コショウを振り、若干の粘り気が出るまで手で揉み込む。

4 片栗粉を3全体にまぶす。

5 フライパンに多めの油を入れ、150～160℃に熱したら、4の肉を入れ、表面がカリッとするまで中火で揚げ焼きにし、早めに取り出し余熱で火を入れる。

6 同じフライパンで野菜を炒め、ピーマンの緑があざやかになったら取り出す。

7 フライパンに少量の油を残し、1の調味料を入れ沸騰させる。火を止めたら、水溶き片栗粉（水1：片栗粉1）を数回に分けて混ぜながら入れる。

8 ごま油を回し入れ、再び火をつけ沸騰させ、肉と野菜をフライパンに戻し入れ、タレとからめたら完成。

POINT

●砂糖をしっかりと入れることで酸味とのバランスが取れておいしくなる。

●硬い肉に隠し包丁を入れることで、やわらかく・味がしみ込みやすくなる。

●片栗粉でとろみがついた餡は、一度しっかり沸騰させると、シャビシャビにならず安定する。

おわりに

「料理が上手な男性はモテる」と思っていた時代がありましたが、全然モテない。そんな壁にぶち当たった人も多いと思います。私も全く同じです。

料理好きが高じて、飲食店を経営をし、ＹｏｕＴｕｂｅで料理番組を配信し、多くのフォロワーさんに支持いただけるようにはなりましたが、視聴者さんの大半は一貫して男性です。いえ、愚痴ではありません。とてもありがたいことですし、だからこそ仕事もここまで大きくなったのですから。

そんな中、動画やＳＮＳでは話していないのですが、半年ほど前から「本当にモテる料理とは何か」について本気で考えています。だって、悔しいじゃないですか。ここまでやってモテないなんて。

研究と努力のかいあって、最近は手ごたえも感じています。料理のレシピを語る料理家は多いけれど、本質的に料理でモテることについて話す料理家は見たことがありません。ここで少しアウトプットしてみようと思います。センセーショナルな内容なのでSNSで炎上するかもしれません。

料理好き男子は、料理以外の魅力が少ない

本当にごめんなさい。身も蓋もないのですが、たどり着いた一番の本質はここです。数多くの料理好き男子を見てきましたが、容姿に気を遣わない（食べるのも好きなので太っている人も多い）、コミュニケーション能力の高くない方の割合が多いと感じています。これは、他の「モテない趣味」と言われている分野の人にも当てはまります。つまり、料理が原因でモテてないわけではないのです。

結婚相手としては優秀だが恋人としては…

いくら料理上手でも「あなたが好き！」となるきっかけにはなりにくいでしょう。ただ、まずは友人として信頼されるきっかけには大いになりま

す。そして定期的に料理イベントをしたり、付き合いはじめたあとの関係構築はうまくいくでしょうし、結婚して家庭を築くとしたら料理がうまいに越したことはありません。ここで料理スキルは大いに活きてくるのです。

料理以外の魅力を磨いて、料理でクロージングする

つまり、料理でモテたいあなたが取り組むべくは

①容姿の改善・女性心理の勉強・コミュニケーション力を磨く

②宅飲み・持ち寄りパーティーなど、
複数人で料理を振る舞うイベントを開催

③これを繰り返し、関係を構築する

これに尽きるというのが、私の結論です。みんなで、料理男子が本当にモテる時代を作り上げましょう！

ご覧いただき、ありがとうございました。

COCORO 大西哲也

大《おお》西《にし》哲《てつ》也《や》

クッキングエンターテイナー。1982年6月27日生まれ。北海道本別町出身。自動車整備士、添乗員などを経て、独学で学んでいた料理で「人に喜んでもらう」をテーマに起業。飲食店『料理うまいBAR COCOCORO』を経営しながら、YouTube にて、料理とエンターテインメントを届ける活動を続けている。ジャンルにとらわれず世界中の料理からヒントを得て、科学的視点を取り入れたわかりやすい調理法に定評がある。近年は『俺のコラボカフェ』(4Gamer.net)『なまらおいしいひと工夫』(十勝毎日新聞)といった連載のほか、調理器具の開発やプロデュースを手がけたり、テレビや WEB メディアにも多数出演するなど、幅広く活躍中。YouTube『COCOCORO チャンネル』は登録者数45万人を突破している。著書に『COCOCORO 大西哲也のドヤ飯』『COCOCORO 大西哲也の神だれ無限レシピ』(ともに大和書房)などがある。

豚かたまり肉を買ってみました

著者 COCOCORO 大西哲也

2023年4月15日　初版発行

装 丁　森田 直／佐藤桜弥子（FROG KING STUDIO）
撮 影　市瀬真以
フードスタイリング　佐藤絵理
構 成　キンマサタカ（パンダ舎）
編 集　小島一平（ワニブックス）

発行者　横内正昭
編集人　岩尾雅彦
発行所　株式会社ワニブックス
〒150-8482　東京都渋谷区恵比寿4-4-9えびす大黒ビル
ワニブックスHP　http://www.wani.co.jp/
（お問い合わせはメールで受け付けております。
HPより「お問い合わせ」へお進みください）
※内容によりましてはお答えできない場合がございます。

印刷所　凸版印刷株式会社
DTP　有限会社 Sun Creative
製本所　ナショナル製本

定価はカバーに表示してあります。

ISBN 978-4-8470-7262-8